RAYMUND KRAULEIDIS

Eine Rolle Klopapier hat 200 Blatt.
Warum ist keins mehr da,
wenn man es am dringendsten braucht?

GOLDMANN

Lesen erleben

Das Buch

Wie weit kommt man mit drei Tassen Kaffee im System, ehe auf der Autobahn der blasentechnische Super-GAU droht? Wie hoch ist die Wahrscheinlichkeit, dass Lustifink ein IKEA-Produkt und kein Sexspielzeug ist? Wann ist ein Mann ein Mann? Und wie alt wäre Johannes Heesters geworden, wenn er nicht geraucht hätte? All dies sind die wichtigen Fragen unseres alltäglichen Lebens. Höchste Zeit, dass sie endlich auch in Form von Textaufgaben gestellt und beantwortet werden. Oder können Sie sich erklären, warum immer dann kein Klopapier mehr da ist, wenn man es am dringendsten braucht?

Der Autor

Raymund Krauleidis wurde 1973 in Tübingen geboren, wo er nach dem Abitur auch Betriebswirtschaftslehre studierte. Um dieses Trauma zu verarbeiten, begann er, Bücher zu schreiben. Krauleidis ist nicht nur ein erfolgreicher Sachbuchautor, er ist darüber hinaus auch seit vielen Jahren als Satiriker für diverse Online-Magazine tätig.

Raymund Krauleidis

Eine Rolle Klopapier hat 200 Blatt. Warum ist keins mehr da, wenn man es am dringendsten braucht?

Das Leben in Textaufgaben

GOLDMANN

Originalausgabe

 Dieses Buch ist auch als E-Book erhältlich.

MIX
Papier aus verantwor-
tungsvollen Quellen
FSC® C083411

Verlagsgruppe Random House FSC® N001967
Das FSC®-zertifizierte Papier *Lux Cream* für dieses Buch
liefert Stora Enso, Finnland.

1. Auflage
Originalausgabe Januar 2016
Copyright © 2016 by Wilhelm Goldmann Verlag, München,
in der Verlagsgruppe Random House GmbH
Umschlaggestaltung: UNO Werbeagentur, München,
unter Verwendung eines Motivs von © Masterfile
Lektorat: Doreen Fröhlich
DF · Herstellung: Str.
Satz: dtp im Verlag / Fabienne Bösch
Druck und Bindung: CPI books GmbH, Leck
Printed in Germany
ISBN: 978-3-442-15887-4
www.goldmann-verlag.de

Besuchen Sie den Goldmann Verlag im Netz

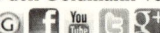

Inhaltsverzeichnis

Einleitung

Fangen wir doch gleich einmal mit einer kleinen Aufgabe an.

Warum halten Sie, liebe Leserin, lieber Leser, dieses Buch gerade in Ihren Händen?

a) Ihnen kommt die auf dem Cover gezeigte Situation bestens bekannt vor.

b) Sie mögen Textaufgaben.

c) Sie suchen gute Unterhaltung ohne akademischen Anspruch.

d) Sie möchten sich mit Hilfe des Buches auf die nächste Mathe-Arbeit vorbereiten.

Liegt Ihre Antwort irgendwo zwischen a) und c), sind Sie hier genau richtig. Sollte allerdings Antwort d) zutreffen, empfehle ich Ihnen zur Unterstützung doch eher geeignetere Literatur wie beispielsweise ein Mathe-Buch.

Denn auf den folgenden Seiten geht es nicht darum, dass Lars und Clemens zusammen 60 Schokolinsen futtern (Clemens, der kleine Fresssack, sogar zehn mehr als Lars), sich zwei Züge mit unterschiedlichen Geschwindigkeiten irgendwo in der Nähe von Wanne-Eickel treffen oder Sarah für fünf Brötchen zwei Euro fünfzig bezahlen würde, obwohl sie eigentlich nur drei Stück kaufen möchte. Die Welt der schulischen Textaufgaben ist nämlich objektiv betrachtet ziemlich bekloppt! Wer bitte zählt denn schon die Schokolinsen, die er in sich reinspachtelt – abgesehen davon: Gibt's die Dinger überhaupt noch? Welche Bahn kommt dermaßen pünktlich, dass sich ein Aufeinandertreffen mit einer anderen verspäteten Bahn ohne paranormale Fähigkeiten auch nur annähernd voraussagen lässt? Und wieso um alles in der Welt sollte ich den kompetenten Bäckereifachverkäuferinnen die Arbeit abnehmen und mir den Preis für mein einzelnes Brötchen in mühevoller Dreisatz-Kleinarbeit selbst berechnen? Oder, um es mit den Worten von Friedrich Nietzsche auszudrücken: »Es kommt in der Wirklichkeit nichts vor, was der Logik streng entspräche.« Dies wird im Übrigen das einzige hochtrabende Zitat im ganzen Buch bleiben, Hand drauf.

Es ist deshalb allerhöchste Zeit, die arme Textaufgabe mit der eben angesprochenen »Wirklichkeit« und dem ganzen Irrsinn, der sich in ihr verbirgt, zu vereinen – einer Welt, in der Bahnen zu spät kommen, wir uns im Supermarkt grundsätzlich in die falsche Schlange einreihen, die Kollegen unendlich nerven und in der unsere größte Sorge ist, dass wir einmal fünf Minuten ohne Handynetz sein könnten. Dabei muss es übrigens (wie so oft im wahren Leben) nicht immer nur eine richtige Antwort geben – oder überhaupt eine. Und häufig geht es dabei nicht einmal um Mathematik.

Um Struktur in den Wahnsinn zu bringen, sind die Textaufgaben in verschiedene Kategorien unterteilt. Für einige Aufgaben finden Sie am Ende des Buchs sogar eine Lösung. Diese sind mit einem [L] sowie der zugehörigen Lösungsnummer versehen. Damit sich auch die Befürworter alternativer Schulkonzepte nicht benachteiligt fühlen, wurden zudem einige speziell auf ihre Bedürfnisse zugeschnittene Aufgaben in das Buch eingearbeitet. Diese erkennen Sie entweder am Zusatz [WS

– kurz und bündig für Waldorfschule] oder eben daran, dass die vorgeschlagenen Lösungen etwas mit Singen, Klatschen oder Tanzen zu tun haben. Sie werden das schon erkennen.

Abschließend sei noch erwähnt, dass der Einsatz von Taschenrechnern sowie herzhaftes Lachen ausdrücklich erlaubt ist! Und wenn Sie wollen, dürfen Sie sogar von Ihrem Nebensitzer abschreiben, mit Spickzetteln arbeiten oder gleich im Lösungsteil nachschauen – wir sind ja schließlich nicht in der Schule …

Los geht's!

Alltag

Eine Rolle Klopapier besteht aus genau 200 einzelnen Blättern. Jedes Blatt weist die Maße 98 mal 138 Millimeter auf. [L 1]

a) Wie viele Meter Klopapier befinden sich auf der Rolle?

b) Wieso ist die Rolle immer genau dann leer, wenn man spontan »groß« muss?

c) Welcher Vollidiot hat wieder einmal das letzte Blatt verbraucht, ohne für Nachschub zu sorgen?

• • • •

Montagmorgen, 06:30 Uhr. Der Wecker von Herrn M. klingelt mit einer Lautstärke von 120 Dezibel. Durch das Betätigen der Schlummertaste schaltet sich der Alarm ab und geht neun Minuten später erneut los.

a) Wer hat an der Uhr gedreht?

b) Wie oft müsste Herr M. besagte Taste drücken, um die komplette Arbeitswoche zu verschlafen?

c) Weshalb steht er meistens doch schon vor Freitagnachmittag auf?

• • • •

Vor seinem Einzug vermisst der neue Mieter gewissenhaft das Wohnzimmer. Es hat eine Seitenlänge von a = 6,8 Meter und b = 3,6 Meter. Am Umzugstag stellt er entsetzt fest, dass die vorhandene XL-Wohnlandschaft wider Erwarten doch nicht in den Raum passen will. Auf welcher Seite hat er sich vermessen?

a) b.

b) a.

Rund 60 Prozent aller Menschen hatten in ihrem Leben bereits einmal ein Déjà-vu.

  a) *Kommt Ihnen das irgendwie bekannt vor?*

  b) *Kommt Ihnen das irgendwie bekannt vor?*

● ● ● ●

Ein Deodorant wird mit dem Argument beworben, dass es 96 Stunden wirken soll.   **[L 2]**

  a) *Wie viel Wasser würde ein Käufer pro Jahr sparen, wenn er infolgedessen künftig nicht mehr täglich, sondern nur noch jeden vierten Tag duscht (Wasserverbrauch pro Duschvorgang: 40 Liter)?*

  b) *Was hält seine Umwelt von dieser Idee?*

● ● ● ●

Der 14-jährige Ulli bekommt zu Weihnachten ein Paar Handschuhe, einen Pullover sowie eine neue Winterjacke geschenkt. Sein Klassenkamerad Martin hingegen lediglich ein iPhone.

  a) *Wie viele Päckchen darf Ulli öffnen?*

  b) *Wie viele Päckchen darf Martin öffnen?*

  c) *Zeichnen Sie die Stimmungskurven von Ulli und Martin vor, während und nach der Bescherung.*

● ● ● ●

[WS] 80 Prozent aller Menschen zwischen vier und sieben Jahren glauben an den Weihnachtsmann.

  a) *Schreibe einen Wunschzettel und singe dabei ein Weihnachtslied deiner Wahl.*

  b) *An was glauben die restlichen 30 Prozent?*

Bekanntermaßen besteht zwischen der Menge an Socken, die der Waschmaschine zugeführt werden (x), und der Menge an Socken, die nach dem Waschvorgang entnommen werden (y), regelmäßig eine Differenz, die sich mathematisch wie folgt abbilden lässt:

$$y = x - \sqrt{\left(x - \left(x \cdot \frac{1}{x}\right)\right)^2}$$

a) *Weshalb neigen Mathematiker gerne dazu, einfache Sachverhalte unnötig komplex darzustellen?*

b) *Wo zum Henker ist die Socke hin?*

● ● ● ●

Sie sehnen sich nach einem frisch gebrühten Kaffee und begeben sich voller Vorfreude zum Vollautomaten in der Küche.

a) *Füllen Sie frisches Wasser in den Tank.*

b) *Wechseln Sie die Filterpatrone.*

c) *Bohnen sind alle …*

d) *Wieso kehren Sie mit einem Glas Wasser und ordentlich schlechter Laune ins Wohnzimmer zurück?*

● ● ● ●

Gegeben sind die Mengen M und N:
M = was Sie in der Schule gelernt haben.
N = das Wissen, das Sie im Alltag brauchen.

a) *Stellen Sie die Mengen grafisch dar, und ermitteln Sie die Schnittmenge.*

b) *Was war noch mal gleich eine » Schnittmenge «?*

Vier Drittel aller Unfälle passieren im Haushalt.

a) Berechnen Sie den Kehrbruch.

• • • •

Herr S. macht es sich für einen Spielfilm auf der heimischen Couch bequem. Der Film beginnt um 20:15 Uhr und dauert inklusive Werbung 136 Minuten. Die sieben Werbeblöcke sind jeweils sechs Minuten lang und gleichmäßig über die Laufzeit des Films verteilt. **[L 3]**

a) Berechnen Sie den Werbeanteil der 136 Minuten in Prozent.

b) Wie viele Filmminuten bekommt Herr S. wissentlich mit, wenn er bereits während des ersten Werbeblocks ins Reich der Träume entschwindet?

c) Wie ist es möglich, dass Herr S. beim lautesten Geballere vor dem Fernseher wegdösen kann, während ihn bereits das Geräusch einer harmlos umherschwirrenden Stubenfliege beim Einschlafen in den nackten Wahnsinn treibt?

• • • •

Meteorologen prognostizieren eine Regenwahrscheinlichkeit von knapp über 50 Prozent.

a) Weshalb strahlt die Sonne von einem makellos blauen Himmel, wenn Sie einen Regenschirm bei sich tragen?

b) Weshalb gießt es in Strömen, wenn Sie den Schirm zu Hause lassen?

c) Vergleichen Sie die zweite Person Plural Präteritum von » lügen « mit der Endung des eingangs erwähnten Berufsstandes.

d) Halten Sie das Ergebnis für Zufall?

Frau B. baut einen Kleiderschrank eines schwedischen Möbelhauses zusammen.

a) *Weshalb sind in der Montageanleitung ausschließlich Männer abgebildet?*

b) *Berechnen Sie die Wahrscheinlichkeit, dass die für den Aufbau benötigten 78 Bretter, Schrauben, Dübel und Scharniere auch tatsächlich komplett beigelegt sind.*

c) *Nach wie vielen Stunden konzentriertem Ackern bemerkt Frau B., dass sie im ganzen Einkaufstrubel völlig vergessen hat, ihre beiden Söhne aus dem Småland abzuholen?*

● ● ● ●

Herr A. baut einen Kleiderschrank eines schwedischen Möbelhauses zusammen.

a) *Weshalb hält er Montageanleitungen grundsätzlich für »unnützen Frauenkram«?*

b) *Berechnen Sie die Wahrscheinlichkeit, dass er die 78 Bretter, Schrauben, Dübel und Scharniere auch tatsächlich an den richtigen Stellen verbaut.*

c) *Nach wie vielen Stunden bemerkt Herr A., dass er im ganzen Einkaufstrubel versehentlich seine Frau in der Servietten- und Tischwäscheabteilung vergessen hat?*

● ● ● ●

Herr T. will seine Steuererklärung machen.

a) *Wie viele extrem wichtige Dinge lassen ihn das Vorhaben um einen Tag verschieben? Und dann noch einen und noch einen?*

b) *Sind Anrufe bei Mutti, die ausführliche Lektüre von bild.de oder Kneipenbesuche mit dem besten Freund tatsächlich wichtiger, als seiner Bürgerpflicht nachzukommen?*

Herr T. macht also irgendwann seine Steuererklärung (Mutti ist in Kur in Bad Hersfeld, bild.de aufgrund von Serverproblemen offline, und der beste Freund hat leider keine Zeit).

a) *Was sagt es über das Ablagesystem von Herrn T. aus, wenn er für das Zusammensuchen der notwendigen Nachweise, Belege und Bescheinigungen ungefähr achtmal so lange braucht wie für die eigentliche Erstellung der Steuererklärung?*

b) *An welchem völlig unlogischen Ort findet er den Ausdruck seiner elektronischen Lohnsteuerbescheinigung wieder?*

c) *Wie hoch ist die Wahrscheinlichkeit, dass es im kommenden Jahr besser wird?*

• • • •

Herr T. gibt seine Steuererklärung ab.

a) *Wie viele Monate später kann er mit dem Erhalt des Geldes rechnen, sollte sich eine Rückzahlung ergeben?*

b) *Wie viele Tage später wird das Geld von seinem Konto abgebucht, wenn er nachzahlen muss?*

c) *Weshalb stimmt der Betrag nicht einmal ansatzweise mit dem überein, den seine Steuersoftware errechnet hat?*

• • • •

Frau X. entdeckt eine »riesengroße« Spinne an der Wand.

a) *Wie weit ist der an ihren Mann gerichtete Hilfeschrei zu hören (runden Sie dabei auf ganze Kilometer)?*

b) *Ab welcher Vergrößerung wird das Objekt auch für dessen Augen sichtbar?*

c) *99,9 Prozent aller Spinnenarten sind ungefährlich. Ermitteln Sie die Wahrscheinlichkeit, dass das »Monster« an der Wand eine ernsthafte Gefahr für Frau X. darstellen könnte.*

d) *Puh, doch nur 'ne Staubfluse ...*

Herr S. möchte ein 2 mal 1,4 Meter großes Foto aufhängen.
Um die benötigten Haken an der Wand anzubringen, bohrt
er zwei Löcher, die laut seiner digitalen Wasserwaage exakt
horizontal ausgerichtet sind. Um auf Nummer sicher zu
gehen, hat er vor dem Einsatz der Bohrmaschine zudem
noch den Abstand zur Decke abgemessen. Dieser beträgt an
beiden Punkten genau 32,5 Zentimeter.

a) Warum hängt das Bild schief?

● ● ● ●

Wie viele Buchstaben hat das Wort »Prokrastination«?

a) Mir doch egal! Ich habe gerade weitaus Wichtigeres zu tun.

b) Circa zehn.

c) Zähl ich morgen ...

● ● ● ●

**[WS] Sie versuchen, Ihrem Nachwuchs bei den Mathe-
Hausaufgaben zu helfen: »Am Grafen von f(x) = x² sollen
zwei Tangenten gelegt werden, die sich auf der Ordinate
orthogonal scheiden.«**

a) Hä?

b) Die armen Enten ...

c) Wer ist dieser ominöse Graf?

● ● ● ●

29 Prozent aller Tage fallen auf ein Wochenende.

a) Wieso tun es 80 Prozent aller grippalen Infekte auch?

*b) Weshalb liegt die Regenwahrscheinlichkeit an Sams- und Sonn-
tagen regelmäßig bei 70 Prozent?*

*c) Warum sind Sie bereits um sechs Uhr hellwach, obwohl Sie sich
die letzten fünf Tage so sehr aufs Ausschlafen gefreut haben?*

Ein Backofenspray ist mit einer kindersicheren Verschlusskappe ausgestattet.

a) *Wie viele Erwachsene scheitern kläglich beim Versuch, die Kappe (unter Zuhilfenahme von Scheren, Zangen, Zähnen und Brecheisen) zu öffnen?*

b) *Wie ist es physikalisch möglich, einen Verschluss gleichzeitig zu ziehen, zu drücken und ruckartig mit einer linksgerichteten Bewegung nach rechts zu drehen?*

c) *Mit welchem simplen Trick schafft es die fünfjährige Nele dennoch?*

● ● ● ●

Vögel erleichtern sich im Durchschnitt einmal pro Stunde. In einer Stadt mit einer Fläche von 892 Quadratkilometern leben fünf Millionen Vögel. [L 4]

a) *Wie viele Kotattacken von oben sind im Laufe von 24 Stunden auf einem bestimmten Quadratmeter zu erwarten? (Tipp: Die Tiere sind gleichmäßig im gesamten Stadtgebiet verteilt.)*

b) *Wie hoch ist die Wahrscheinlichkeit, dass Sie just in diesem Moment dort stehen? (Tipp: Sie befinden sich pro Tag maximal zwei Sekunden auf besagtem Quadratmeter.)*

c) *BÄMM! Sie sollten es bei Ihrem Glück demnächst unbedingt mit Lottospielen versuchen! (Tipp: Bringen Sie vorher Ihr Jackett in die Reinigung – wie sieht das denn sonst aus?!)*

● ● ● ●

Herr J. möchte einen Metallhaken mit Hilfe von Sekundenkleber auf einer Keramikfliese befestigen.

a) *Nach wie vielen Stunden verbindet sich das Metall mit der Keramikfliese?*

b) *Nach wie vielen Millisekunden verbindet sich die Klebertube mit seiner Haut?*

Frau A. bekommt pro Woche 15 Briefe. Sieben davon sind Rechnungen, sieben weitere Werbesendungen.

a) *Wie viele führt sie ungeöffnet dem Schredder zu?*

b) *Von wem ist Brief Nummer 15?*

c) *Sie haben den Fehler in der Aufgabenstellung erkannt? Glückwunsch! Es sind natürlich nicht sieben, sondern acht Rechnungen. Oder kennen Sie etwa Menschen, die heutzutage noch freiwillig richtige Briefe schreiben?*

• • • •

Aufgrund dringend notwendiger Reparaturen an einer Wasserleitung soll in der Zeit von 7:30 Uhr bis 13:30 Uhr in Ihrem Haus das Wasser abgestellt werden.

a) *Wieso übermannt Sie um 7:32 Uhr ein gnadenloser Kaffeedurst?*

b) *Weshalb überrollt Sie um 8:19 Uhr plötzlich die Magen-Darm-Grippe?*

c) *Warum überrascht es Sie nicht im Geringsten, dass um 17:22 Uhr immer noch kein Wasser fließt?*

• • • •

Frau R. wartet sehnsüchtig auf ein Zalando-Paket. Sie beschließt, einen Tag Urlaub zu nehmen und die Wohnung nicht zu verlassen, bis es an der Tür klingelt.

a) *Woher weiß der Paketzusteller, in welchen zwei Minuten sie mal eben kurz im Keller ist?*

b) *Wo ist der Wunschnachbar, wenn man ihn tatsächlich einmal braucht?*

c) *Weshalb schreit Frau R. nicht vor Glück, wenn sie das Paket am darauffolgenden Werktag zwischen 9 und 16 Uhr im örtlichen Paketshop persönlich abholen kann, sie aber von 8 bis 17 Uhr arbeiten muss?*

Herr T. zieht etappenweise um. Die alte Wohnung (Wohnung A) ist zehn Kilometer von seiner neuen Wohnung (Wohnung B) entfernt. Die Hälfte der 20 Umzugskartons hat er bereits in sein neues Heim verfrachtet.

a) *Wie hoch ist die Wahrscheinlichkeit, dass der Karton, den er gerade dringend in Wohnung B benötigt, aktuell noch in Wohnung A steht?*

b) *Wie hoch ist die Wahrscheinlichkeit, dass der Karton, den er gerade dringend in Wohnung A benötigt, bereits in Wohnung B steht?*

c) *Wie viele Kilometer fährt er im Rahmen seines Umzugs sinnlos hin und her?*

• • • •

Familie H. möchte eine Immobilie kaufen und vergleicht diverse Angebote.

a) *Aus wie vielen Objekten besteht eine Doppelhaushälfte, aus wie vielen ein Einzelhaus?*

b) *Finden Sie die Redundanz in » neu renoviert «.*

c) *Welche Schattenseiten hat ein Nordbalkon?*

• • • •

Familie H. erwirbt eine Immobilie für 250.000 Euro. Der hierfür beauftragte Makler stellt darüber hinaus eine Courtage in Höhe von 7,14 Prozent des Kaufpreises in Rechnung. **[L 5]**

a) *Wie viel Geld steckt Familie H. dem Makler in den Allerwertesten?*

b) *Wofür?*

c) *Erläutern Sie den Begriff » Schmarotzer «.*

Die Umsatzkurve eines Blumenhändlers hat über ein komplettes Kalenderjahr hinweg den unten dargestellten Verlauf:

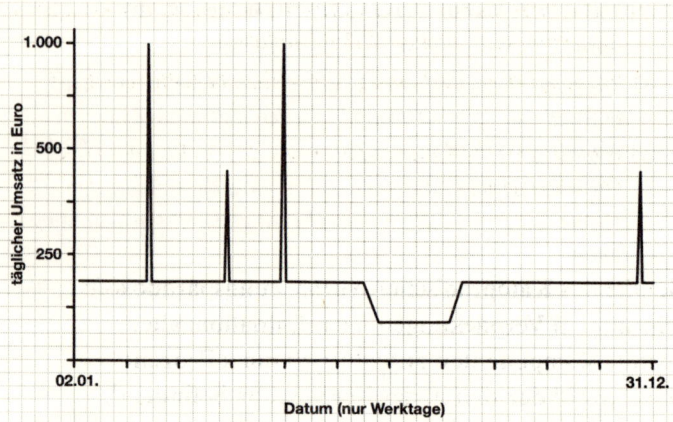

a) *Tragen Sie folgende floristische Groß- und Kleinereignisse in den Graphen ein:*

- *Weihnachten*
- *Muttertag*
- *Ostern*
- *Sommerloch*
- *Valentinstag*

b) *Ordnen Sie den jeweiligen Aus- und Abschlägen eine der folgenden Kaufmotivationen zu:*

- *» Hoffentlich merkt sie nicht, dass ich fremdgehe … «*
- *» Total doof, dass wir uns dieses Jahr keinen Urlaub leisten können, weil ich das Geld beim Pokern auf den Kopf gehauen habe. Aber wenigstens sind die Rosen gerade billig … «*
- *» Mir fällt gerade kein originelleres Geschenk ein. «*
- *» Mir fällt gerade kein originelleres Geschenk ein. «*
- *» Mir fällt gerade kein originelleres Geschenk ein. «*
- *Weshalb wäre die praktische Umsetzung des Werbeslogans » Lasst Blumen sprechen « wohl doch keine allzu gute Idee?*

Herr J. schaut sich seine alten Fotoalben an.

a) *Wie viele Bilder aus den Achtzigern sind aus heutiger Sicht eine frisurtechnische Totalkatastrophe?*

b) *Wie viele Fotos aus den Neunzigern gleichen rückblickend einem bekleidungstechnischen Verkehrsunfall?*

c) *Was wird Herr J. wohl in 20 Jahren über die Bilder von heute denken?*

d) *Ermitteln Sie die Wahrscheinlichkeit, dass es bis dahin noch Fotoalben gibt.*

• • • •

Gemäß des Kamprad'schen Verpackungsparadoxons schrumpfen Verpackungen nach Entnahme aller Produktkomponenten automatisch um x Prozent (x = Anzahl der sich in der Verpackung befindenden Einzelteile).

a) *Kaufen Sie in einem schwedischen Möbelhaus Ihres Vertrauens ein Produkt mit möglichst vielen Einzelteilen.*

b) *Entnehmen Sie diese komplett.*

c) *Versuchen Sie, den ganzen Kram wieder exakt so in den Karton zu quetschen, wie er ursprünglich darin verpackt war.*

d) *Wieso platzt der Karton bereits aus allen Nähten, während die Hälfte der Einzelteile immer noch daneben liegt?*

• • • •

Gibt es blöde Fragen?

a) *Nein.*

b) *Vielleicht.*

c) *Blöde Frage!*

Familie T. erwirbt einen Schuhschrank mit den Maßen 162 mal 138 mal 43 Zentimeter. [L 6]

a) *Wie viele Liter Schuhe passen in den Schrank?*

b) *Wie viel Prozent des zur Verfügung stehenden Volumens wird umgehend von den weiblichen Familienmitgliedern okkupiert (Lösungshinweis: x >= 100 Prozent)?*

c) *Wo platziert Herr F. am Ende seine beiden Paar Schuhe?*

● ● ● ●

99 Prozent aller menschlichen Fürze sind geruchsneutral.

a) *Ermitteln Sie die Wahrscheinlichkeit, dass Ihr Missgeschick von eben aus geruchstechnischer Sicht unbemerkt bleiben wird.*

b) *Was bringt Ihnen die Lösung aus a), wenn die Akustik nicht mitspielt?*

● ● ● ●

Was assoziieren 80 Prozent aller Deutschen mit dem Begriff »20 Prozent«?

a) *Ein Fünftel.*

b) *Das Paretoprinzip.*

c) *Alles (außer Tiernahrung).*

● ● ● ●

Herr C. steht unter der Dusche.

a) *Berechnen Sie die Wahrscheinlichkeit, dass er erst im nassen Zustand bemerkt, dass das Duschgel alle ist.*

b) *Wieso befindet sich der Schrank mit der Reserveflasche am anderen Ende des Badezimmers?*

c) *Wo ist das verdammte Handtuch hin?*

Das subjektive Temperaturempfinden eines durchschnittlichen Mitteleuropäers hat den folgenden Verlauf:

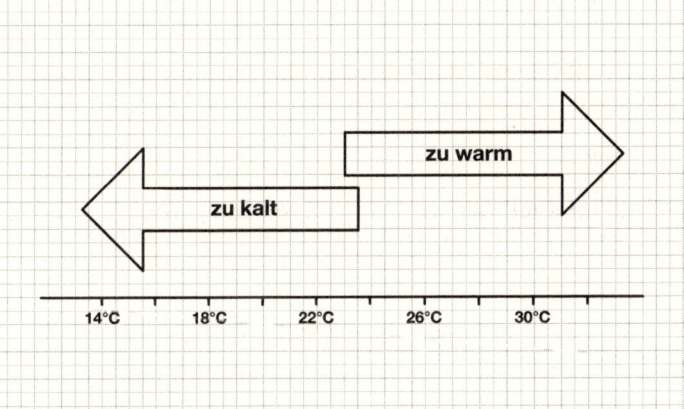

a) *Ermitteln Sie die Wohlfühltemperatur des durchschnittlichen Mitteleuropäers.*

b) *Erörtern Sie die These, dass das Wetter einzig und allein deshalb erfunden wurde, damit der ansonsten glückliche Mitteleuropäer auch etwas zu meckern hat.*

c) *Wann wird's mal wieder richtig Sommer?*

• • • •

» Wir können ja mal wieder zusammen was trinken gehen ...«

a) *Lass uns bald mal wieder zusammen etwas trinken gehen.*

b) *Vielleicht sieht man sich ja irgendwann durch einen dummen Zufall wieder.*

c) *Tschüss, du Blödmann! Schönes Leben noch!*

Vorsicht ist die Mutter der Porzellankiste.

a) Wer ist der Vater?

b) In welcher familiären Beziehung steht der ominöse Elefant?

• • • •

Drei Treffer in die Magengrube, vier Tritte in die Rippen, zwei Schläge ins Gesicht.

a) Eine Massenschlägerei.

b) Ein Kickboxkampf.

c) Eine Stunde mit dem nachtaktiven Nachwuchs im Elternbett.

• • • •

Sie versuchen, in einer warmen Sommernacht einzuschlafen, als Sie plötzlich das Geräusch einer umherfliegenden Stechmücke vernehmen.

a) Ermitteln Sie die Wahrscheinlichkeit, dass Sie zur Ruhe kommen, ehe das Drecksvieh eliminiert ist.

b) Wie oft sind Sie sich sicher, endlich den lang ersehnten Volltreffer gelandet zu haben?

c) Warum wird es draußen schon wieder hell, obwohl Sie bislang noch kein Auge zugemacht haben?

d) Sssssssssssssssss ...

• • • •

Drei Viertel aller Menschen geht es enorm auf den Zeiger, wenn man ihnen nicht richtig zuhört und dieselben Fragen mehrfach stellt.

a) Geht Ihnen das auch so?

b) Geht Ihnen das auch so?

Der Inhalt einer Zahnpastatube beträgt 75 Milliliter.

a) *Wie viele Versuche sind vonnöten, bis das lästige Aluminium-siegel über der Tubenöffnung rückstandslos abgeknibbelt ist?*

b) *Wie viel Prozent des Inhalts landen am Ende neben statt auf der Zahnbürste?*

c) *Warum ist die Tube immer dann komplett aufgebraucht, wenn die Läden längst geschlossen sind?*

• • • •

Herr O. trägt an Werktagen eine Armbanduhr. Das Wochenende will er hingegen komplett ohne Zeitstress und das schwere Ding am Unterarm verbringen.

a) *Wie oft schaut er samstags und sonntags irritiert auf sein nack-tes Handgelenk?*

b) *Um welchen Faktor » reduziert « sich sein Zeitstress am Samstag, wenn er um neun Uhr zum Tennis verabredet ist, um halb zwölf zum Frisör muss, um eins die Kinder ins Freibad fährt, sie dort um vier Uhr wieder abholt, und er zwischendrin noch irgend-wann einkaufen sollte, weil sich für 18 Uhr Freunde zum Grillen angesagt haben?*

• • • •

Eine Packung Tiefkühlerbsen. Sie. Keine Werkzeuge zur Hand. Und die Aufforderung: » Hier öffnen «.

a) *Sie reißen die Plastikverpackung an der vorgesehenen Stelle leicht an, woraufhin diese umgehend nachgibt und sich entlang einer geraden Kante butterweich öffnen lässt.*

b) *Sie können zwar versuchen, die Verpackung » hier « zu » öff-nen «, es wird aber mit an Sicherheit grenzender Wahrschein-lichkeit nicht gelingen.*

c) *Mist! Die ganze Scheiße auf dem Boden ...*

Herr H. steht normalerweise um sieben Uhr auf, um einen gemächlichen Start in den Tag zu haben. Für duschen, rasieren und die morgendliche Toilette benötigt er eine halbe Stunde, für das Frühstück weitere zehn Minuten.

Heute hat Herr H. aufgrund vorabendlicher feuchtfröhlicher Feierlichkeiten allerdings eine halbe Stunde verschlafen. Deshalb ist er 20 Prozent schneller im Bad und verzichtet auf das (Kater-)Frühstück. **[L 7]**

a) *Wie lange braucht er im Bad?*

b) *Warum zieht Herr H. trotz der neuen Zeitaufteilung hektisch die Haustür hinter sich zu?*

c) *Wo ist der verdammte Schlüsselbund?*

d) *Wie viel später kommt er ins Büro, wenn die aktuelle Wartezeit des Schlüsselnotdienstes circa eine Stunde beträgt?*

Liebe
und Partnerschaft

Die Scheidungsquote nach Ehejahren hat in Deutschland – schenkt man dem statistischen Bundesamt Glauben – folgenden Verlauf:

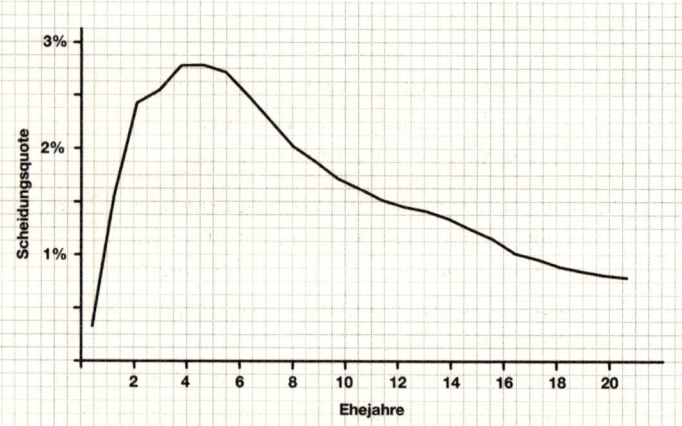

a) *Ermitteln Sie die Hoch-, Tief- und Wendepunkte einer durchschnittlichen deutschen Ehe.*

b) *Wieso ist es für Herrn L. ratsam, den Müll in den ersten 20 Ehejahren freiwillig herunterzubringen, wenn er keinen Ehevertrag hat?*

c) *Berechnen Sie die Laufstrecke von Herrn L. in diesem Zeitraum, wenn der Weg zur Mülltonne 55 Meter beträgt und pro Woche im Schnitt 3,5 Ladungen Abfall anfallen.*

Eine allgemeine Potenzfunktion mit ungeradem Grad ist grundsätzlich monoton und hat keinen Hochpunkt.

a) *Wann ist der zugehörige Graph rechtsgekrümmt?*

b) *Welche Bilder geistern Ihnen gerade durch den Kopf?*

● ● ● ●

Frau M. zerschneidet ein rechteckiges Bild ihres baldigen Exgatten mit den Seitenlängen 13 Zentimeter und 18 Zentimeter in vier kongruente Dreiecke.

a) *Weshalb hat Herr M. die Hotelrechnung der letzten » Dienst-reise « (Ibiza, Junior Suite mit Whirlpool, zwei Erwachsene) ausgerechnet im heimischen Papiermüll entsorgt?*

b) *Ermitteln Sie das Seitenverhältnis der entstandenen Rechtecke (inkl. deren Schenkellänge).*

c) *Wie ist es mathematisch möglich, dass Frau M. ihren (Noch-) Gatten nach dessen Feierabend im Viereck springend rundlaufen lässt?*

● ● ● ●

Im Rahmen einer Studie des Amsterdam Institute for Molecules, Medicine and Systems behaupteten die befragten Männer, pro Tag im Schnitt zehnmal zu küssen. Die weiblichen Teilnehmer gaben hingegen genau die Hälfte dieser Zahl an.

a) *Wie viele Küsse finden pro Tag demnach ausschließlich zwischen Männern statt?*

b) *Wie deckt sich das mit der Aussage, dass etwa zehn Prozent aller Männer homo- bzw. bisexuell sind?*

c) *Was sagt das über die grundsätzliche Ehrlichkeit des vermeint-lich » starken Geschlechts « in sexuellen Belangen aus?*

Wie viele von zehn Männern entscheiden selbst, was sie morgens anziehen?

   a) Einer.

   b) Sieben.

   c) Da muss ich erst einmal meine Frau fragen ...

• • • •

Herr K. und seine Frau gehen im Durchschnitt etwa siebenmal pro Woche gemeinsam aus dem Haus. Kurz vor dem geplanten Aufbruch fällt seiner Gattin regelmäßig ein, dass sie sich ja noch den Lippenstift nachziehen muss, ihre Handtasche vergessen hat und/oder das Bügeleisen noch eingesteckt sein könnte. Herr K. wartet derweil durchschnittlich zweieinhalb Minuten in vollem Ornat vor der Haustür. [L 8]

   a) Angenommen, die beiden sind seit 25 Jahren verheiratet. Wie viele komplette Tage hat Herr K. bereits wartenderweise vor dem eigenen Haus verbracht?

   *b) Wieso lernt er im Laufe der Jahre nichts dazu und glaubt immer noch, dass »wir gehen jetzt« »wir gehen **jetzt**« bedeutet?*

   c) Ungefähr einmal pro Quartal vergisst Herr K. versehentlich seinen Geldbeutel und muss noch mal umdrehen. Weshalb wirft ihm seine bessere Hälfte infolgedessen genervt vor, dass man IMMER auf ihn warten muss?

Hugh, seine Gattin Crystal sowie Hughs Tochter Christie sind zusammen 181 Jahre alt. Crystal ist 34 Jahre jünger als Christie, die wiederum 26 Jahre jünger als ihr Vater ist.

a) *Ermitteln Sie die Körbchengröße von Crystal.*

b) *Wie hoch ist das Privatvermögen von Hugh?*

c) *Erläutern Sie den Begriff » Sugar Daddy «.*

• • • •

Herr Z. hat Halsweh und googelt nach möglichen Ursachen.

a) *Nach wie vielen Klicks ist er sich sicher, an Diphtherie, Pseudokrupp und Kehlkopfkrebs zu leiden?*

b) *Weshalb behauptet seine Frau, dass er einfach nur erkältet sei?*

• • • •

Der durchschnittliche Deutsche beschäftigt sich pro Tag rund drei Stunden mit seinem Smartphone. Für Konversationen mit dem Partner wendet er täglich hingegen nur etwa eine Stunde auf.

a) *Weshalb beginnen Dialoge mit dem Partner häufig mit den Worten: » Jetzt leg doch endlich mal das Scheißding weg! «?*

b) *Wie viele Deutsche können das Passwort ihres Smartphones aus dem Effeff herbeten, während sie beim eigenen Hochzeitstag jedes Jahr aufs Neue versagen?*

c) *Apropos Hochzeitstag: Wann haben Sie Ihren Partner eigentlich zum letzten Mal in natura gesehen, und weshalb lautet sein Beziehungsstatus auf Facebook plötzlich wieder » Single «?*

Wie viele von zehn Frauen haben grundsätzlich immer das letzte Wort?

a) Eine.

b) Acht.

c) Elf.

• • • •

Frau T. hat 61 Ober- sowie 48 Unterteile im Kleiderschrank. Herr T. besitzt vier Hemden und drei Hosen.

a) Weshalb behauptet Frau T., sie habe nichts zum Anziehen?

b) Weshalb behauptet Herr T., er habe mehr als genug zum Anziehen?

c) Wer ist in Frau T.s Augen schuld, wenn der gemeinsame Kleider-schrank aus allen Nähten platzt (Lösungshinweis: sie nicht!)?

• • • •

Bezüglich der subjektiven Wahrnehmung von Längenmaßen und Zeitangaben weichen die Geschlechter teilweise deutlich voneinander ab.

a) Erklären Sie die unterschiedliche Wahrnehmung von » 20 Zenti-metern « bei Männern und Frauen.

b) Erklären Sie die unterschiedliche Bedeutung von » nur ganz kurz « bei Männern und Frauen.

[WS] Deine Frau erwischt dich in flagranti bei einem Seitensprung. Wie reagierst du?

a) *Ich stelle mich tot.*

b) *Ich tanze zur Auflockerung der Situation spontan meinen Namen.*

c) *Keine Ahnung, war noch nie dort.*

●　●　●　●

Frau C. macht eine Diät. Nach sieben Tagen merkt ihr Freund respektvoll an, dass sie bereits viel schlanker aussähe.

a) *Weshalb interpretiert Frau C. das Gesagte dahingehend, dass sie ihm » also bislang viel zu fett « gewesen sei?*

b) *Berechnen Sie die Länge der emotionalen Eiszeit aufgrund der ursprünglich als Kompliment gedachten Aussage von Herrn P.*

c) *Was hätte er stattdessen sagen sollen?*

●　●　●　●

Das Ehepaar R. vereinbart, sich an Weihnachten nichts zu schenken.

a) *Wie hoch stehen die Chancen, dass sich beide an die Abmachung halten?*

b) *Erläutern Sie den Unterschied zwischen » nichts « und » einer Kleinigkeit «.*

c) *Weshalb ist von weihnachtlicher Besinnlichkeit im Hause R. plötzlich nichts mehr zu spüren?*

Herr D. schnarcht in einer Lautstärke, die in etwa der von acht kanadischen Holzfällern entspricht.

a) *Wieso fühlt sich Herr D. am darauffolgenden Morgen ungefähr siebenmal fitter als seine Frau?*

b) *Weshalb ist ehelicher Sex am darauffolgenden Abend tendenziell eher unwahrscheinlich?*

c) *Warum halten die Beziehungen von Nicht-Schnarchern in etwa fünfmal länger als die von nächtlichen Baumfällarbeitern?*

● ● ● ●

In welcher Einheit lässt sich die weibliche Zufriedenheit mit dem jeweiligen Partner messen?

a) *Glück.*

b) *Harmonie.*

c) *Karat.*

● ● ● ●

Von Standesämtern abgelehnte Vornamen: Steißbein, Joghurt, Pfefferminza, Atomfried.

Von Standesämtern genehmigte Vornamen: Popo, Matt-Eagle, Schokominza, Solarfried.

a) *Warum ist Pfeffer verboten und Schoko erlaubt?*

b) *Wie spiegelt sich die Energiewende in den Entscheidungen der Standesämter wider?*

c) *Zeichnen Sie die Lebenswege von Matt-Eagle und Popo vor.*

Rund 50 Prozent aller Frauen in Deutschland tragen Kleidergröße 40 oder mehr.

a) *Na und?*

b) *Wieso leiden 70 Prozent aller deutschen Männer unter Fettleibigkeit?*

c) *Weshalb verherrlicht ausgerechnet dieser gewichtige Anteil der Y-Chromosom-Träger nach wie vor die komplett antiquierte »90-60-90«-Kacke?*

• • • •

In der Google-Ergebnisliste für den Suchbegriff »Durchschnitt« erscheinen auf den ersten Seiten vorwiegend Artikel, die sich mit der Länge des primären männlichen Geschlechtsorgans befassen.

a) *Was sagt das über das Selbstwertgefühl der deutschen Männer aus?*

b) *Kommt es auf die Länge an?*

c) *Haben die Franzosen mit 10,7 Zentimeter im Stand-by-Modus tatsächlich weltweit den Größten?*

• • • •

Halten Sie etwa gerade ein Maßband in der Hand?

a) *Es ist nicht das, wonach es aussieht!*

b) *Mist, ertappt …*

c) *10,9!*

Frau zu Logik verhält sich wie …

a) *Kind zu Ordnung.*

b) *Mann zu Einfühlungsvermögen.*

c) *Klischee zu Realität.*

● ● ● ●

Frau B. lässt sich die Brüste vergrößern. Pro Brust werden ihr dabei 500 Milliliter Silikon implantiert. [L 9]

a) *Wie viel Silikon kommt insgesamt zum Einsatz?*

b) *Wie viele Badewannen könnte Herr B. damit abdichten, wenn er mit einer handelsüblichen Silikonkartusche (300 Milliliter) zwölf Meter weit kommt und pro Badewanne 2,8 Meter verfugt werden müssen?*

c) *Welche Verwendung erscheint Ihnen sinnvoller?*

● ● ● ●

Frau T. und ihr Mann sind unterschiedlicher Meinung.

a) *Wie viele unterschiedliche Meinungen sind für ein harmonisches Zusammenleben in einer Ehe grundsätzlich optimal?*

b) *Wer hat recht?*

c) *In welcher Position verbringt Herr T. (Körpergröße: 1,92 Meter) die darauffolgende Nacht auf der Couch (Länge: 1,80 Meter)?*

Die beliebtesten Kosenamen im deutschsprachigen Raum sind » Schatz «, » Hase « und » Maus «.

   a) *Wie viele Menschen können sich mittlerweile nicht mehr an den Vornamen ihres Partners erinnern?*

   b) *Weshalb benennt man seine(n) Liebste(n) nach Tieren, die entweder in Rotweinsoße auf dem Teller oder mit Speck geködert in einer hinterlistigen Falle landen?*

   c) *Warum drehen sich 36 Prozent aller Leute um, wenn Sie in einer Menschenmasse » Schatz « brüllen?*

●　●　●　●

Statistische Fakten:

- **76 Prozent aller Frauen glauben an Liebe auf den ersten Blick.**

- **67 Prozent aller Frauen benötigen eine Brille.**

- **Bei 55,1 Prozent aller Scheidungen wird der Scheidungsantrag von der Frau gestellt.**

   a) *Finden Sie den Zusammenhang.*

●　●　●　●

Julia hat zwei Väter mehr als Paul, der wiederum eine Mutter weniger hat als seine Klassenkameradin Saskia.

   a) *Wie viele Väter hat Julia?*

   b) *Wie viele Mütter hat Saskia?*

   c) *Na und???*

Warum finden Frauen Pornofilme eher nicht so gut?

a) *Wegen der fehlenden Handlung und den sinnfreien Dialogen.*

b) *Wegen der unnatürlich aufgeblasenen Brüste der » Protagonistinnen «.*

c) *Wegen der diskriminierenden Darstellung des weiblichen Geschlechts.*

● ● ● ●

Was mögen Männer an Pornofilmen?

a) *Die fehlende Handlung und sinnfreien Dialoge.*

b) *Die unnatürlich aufgeblasenen Brüste der » Protagonistinnen «.*

c) *Die in allen Belangen utopische Darstellung des männlichen Geschlechts.*

● ● ● ●

Liebe geht bekanntermaßen durch den Magen.

a) *Was geht am Anfang vorne rein?*

b) *Was kommt am Ende hinten raus?*

● ● ● ●

Wie bezeichnet man die lebenslange exklusive Fortpflanzungsgemeinschaft zwischen zwei Individuen einer Art?

a) *Monogamie.*

b) *Monotonie.*

c) *Utopie.*

Was zeigt das folgende Schaubild?

a) *Seine Schnarchintensität in Abhängigkeit vom abendlichen Alkoholkonsum.*

b) *Ihre schlechte Laune in Abhängigkeit von seiner Schnarchintensität.*

c) *Seinen abendlichen Alkoholkonsum in Abhängigkeit von ihrer schlechten Laune.*

d) *Berechnen Sie die Wahrscheinlichkeit, dass dieses Ehepaar irgendwann im Leben noch einmal Sex miteinander haben wird.*

35 Prozent aller deutschen Frauen bevorzugen Sex im Dunkeln. Bei den Männern liegt der Anteil lediglich bei zwölf Prozent.

a) *Was sagt das über die Energieeffizienz der deutschen Frauen aus?*

b) *Was sagt das über die Attraktivität der deutschen Männer aus?*

● ● ● ●

Die Deutschen haben nach eigenen Angaben achtmal Sex pro Monat, wobei jeder einzelne Akt (inklusive Vorspiel) 35 Minuten dauert. Die durchschnittliche Leistungsaufnahme einer Schlafzimmerlampe beträgt 42 Watt, eine Kilowattstunde Strom kostet 29,4 Cent. **[L 10]**

a) *Berechnen Sie das jährliche Einsparpotenzial von Sex im Dunkeln.*

b) *Für wie realistisch halten Sie die 35 Minuten?*

c) *Wo verorten Sie sich selbst in diesem Szenario?*

● ● ● ●

90 Prozent aller Frauen wünschen sich einen Mann, der kochen kann. 60 Prozent aller Männer behaupten, kochen zu können.

a) *Definieren Sie das Konzept von » Kochen « unter Verwendung der Beispiele » Tiefkühlpizza «, » Mirácoli «, » Spiegelei « und » Leberwurststulle «.*

b) *Um wie viele Prozentpunkte reduziert sich der Anteil der Männer, die kochen können, unter Berücksichtigung des Ergebnisses aus Teilaufgabe a)?*

Zwei erstaunliche Fakten über Heidelberg:

– **Die Lebenserwartung für Männer ist bundesweit mit durchschnittlich 80,1 Jahren am höchsten.**

– **Der Anteil an Verheirateten ist mit 37 Prozent landesweit am geringsten.**

    a) *Welche Handlungsempfehlung würden Sie aufgrund der beiden Werte aussprechen?*

    b) *Diskutieren Sie die Ergebnisse aus a) mit Ihrem Partner.*

    c) *Wie wirkt sich die Diskussion aus b) auf die weitere Lebenserwartung Ihrer Ehe aus?*

• • • •

Die Ergebnisse von zwei unabhängig voneinander durchgeführten Studien:

– **Jeder fünfte Mann sagt beim dritten Date zum ersten Mal »Ich liebe dich«. Bei Frauen macht das lediglich eine von zwanzig.**

– **Jeder zweite Mann hat beim dritten Date zum ersten Mal Sex. Bei Frauen nur jede Vierte.**

    a) *Ermitteln Sie die Wahrscheinlichkeit, dass das Liebesbekenntnis des Mannes ausschließlich als Mittel zum Zweck dient.*

    b) *Weshalb kommt es bei jedem fünften Mann nach dem Sex beim dritten Date zu keiner vierten Verabredung?*

Beschreiben Sie Ihre Beziehung zu Geld.

a) *Geld bedeutet mir gar nichts. Hauptsache, die Familie ist glücklich und gesund.*

b) *Geld ist ein Mittel zum Zweck. Es ermöglicht mir ein halbwegs sorgenfreies Leben – mehr aber auch nicht.*

c) *Ich nenne ihn »Schatz«, er hat eine American Express Platinum Card, und wir sind seit zwei Jahren glücklich verheiratet.*

● ● ● ●

Ordnen Sie die folgenden Verhütungsmittel nach ihrer jeweiligen Sicherheit.

a) *Pille.*

b) *Kondom.*

c) *Hormonspirale.*

d) *Mundgeruch und Achselhaare.*

● ● ● ●

Zwei Drittel aller Deutschen haben eine bessere Hälfte.

a) *Was macht das in Fünftel?*

b) *Wieso könnten sie diese manchmal vierteilen?*

Freizeit und Urlaub

Familie Fröhlich fliegt in den Urlaub. Der Flieger startet um 17:29 Uhr, die Flugzeit beträgt zehn Stunden und siebzehn Minuten. Das rund 9.000 Kilometer entfernte Reiseziel hat eine Zeitverschiebung von plus sechs Stunden.

a) *Nach wie vielen Flugminuten fragt der sechsjährige Sohn Frank zum ersten Mal » Wann sind wir endlich da? «, und wie oft stellt er diese Frage bis zum Erreichen des Zielflughafens insgesamt?*

b) *Wie fühlt sich der 1,89 Meter große Herr Fröhlich nach der Landung, wenn der Sitzabstand zum Vordermann in der Economy Class 71 Zentimeter beträgt?*

c) *Wo ist der Koffer von Frau Fröhlich abgeblieben?*

• • • •

Paul spart sich die Hand vom Mund ab, um so viel wie möglich auf die hohe Kante zu legen. Klaus verwendet jeden übrigen Euro, um so viel wie möglich von der Welt zu sehen.

a) *Wer hat mehr Geld auf dem Konto?*

b) *Wer hat mehr Spaß im Leben?*

• • • •

Seit 2007 darf in allen öffentlichen Verkehrsmitteln – und somit auch in Flugzeugen – grundsätzlich nicht mehr geraucht werden.

a) *Weshalb erwähnen FlugbegleiterInnen auch noch neun Jahre später vor jedem Start, dass dies ein Nichtraucherflug ist und auch in den Waschräumen nicht gequalmt werden darf?*

b) *Warum heißt es in Flugzeugen » Waschraum « und nicht » Toilette «?*

c) *Wieso ist Rauchen verboten, wohingegen Ihr Vordermann zehn Stunden lang ungestraft seine Flatulenz ausleben darf?*

Die Anzahl Minuten bis zum schmerzhaften Harndrang (y) in Abhängigkeit von den konsumierten Tassen Kaffee pro Stunde (x) lässt sich mit Hilfe der Funktion y = 90/x² darstellen. Der zugehörige Graph hat folgenden Verlauf:

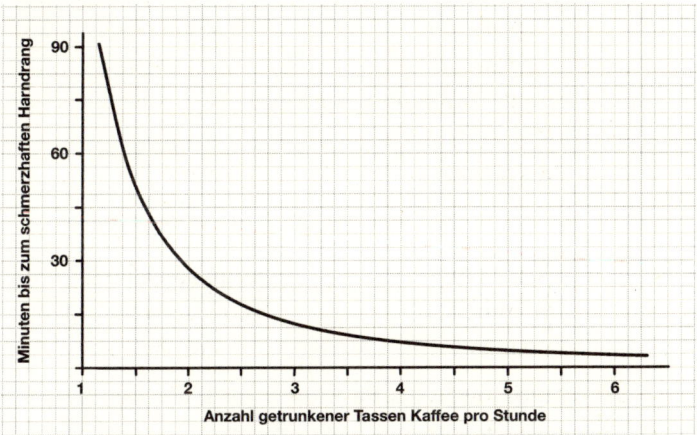

a) *Um möglichst lange wach zu bleiben, trinkt Herr T. unmittelbar vor der Urlaubsfahrt nach Süditalien noch schnell drei Tassen Kaffee. Wie weit kommt er bis zur damit einhergehenden blasentechnischen Notfallsituation, wenn er sich mit einer durchschnittlichen Geschwindigkeit von 90 Kilometer pro Stunde bewegt?*

b) *Wie wirkt sich die Tatsache, dass der nächste Rasthof zu diesem Zeitpunkt noch über 20 Kilometer entfernt ist, auf die allgemeine Stimmung im Fahrzeug aus?*

Herr R. liegt sechs Stunden lang am Meer.

a) Wie oft wird er in diesem Zeitraum von Strandhändlern belästigt?

b) Weshalb sprechen diese Herrn R. allesamt mit » my friend « an, obwohl er sie noch nie zuvor gesehen hat?

c) Sind die Rolex-Uhren wirklich echt?

• • • •

Es gibt 37 Arten von Kopfschmerzen.

a) Bei wie vielen davon war das letzte Bier (oder der letzte Prosecco) schlecht?

b) Wer zur Hölle ist die fremde Person, die schnarchend neben Ihnen liegt?

c) Aber scheiß drauf, Malle ist nur einmal im Jahr!

• • • •

Ein Flugbegleiter weist die Passagiere nach der Landung darauf hin, dass sie sich erst nach Erreichen der endgültigen Parkposition sowie dem Erlöschen der Anschnallzeichen von ihren Plätzen erheben dürfen.

a) Ermitteln Sie die Wahrscheinlichkeit, dass sich mindestens 10 Prozent der Fluggäste einen Dreck um die Anweisung scheren und bereits kurz nach dem Aufsetzen des Flugzeugs aufstehen, um sich mit großem Hallo an den Gepäckfächern zu schaffen zu machen.

b) Kommen diese Leute dadurch auch nur eine Sekunde früher aus dem Flugzeug?

c) Warum fangen 10 Prozent der Sitzengebliebenen plötzlich an zu klatschen?

An einem Hotelstrand stehen 98 Sonnenliegen. 46 davon sind schon um 6:30 Uhr mit Handtüchern, Sonnencremetuben und/oder Büchern belegt.

a) Wie hoch ist der Anteil deutscher Touristen im Hotel?

● ● ● ●

Sie haben zwei Wochen Urlaub. Was denken Sie am siebten Tag?

a) Mist, schon die Hälfte rum!

b) Geil – noch eine Woche frei!

c) Hätte ich den scheiß Blackberry doch nur im Büro gelassen …

● ● ● ●

Sepp und Jupp besuchen das Münchener Oktoberfest. Während Sepp innerhalb von fünf Stunden sechs Liter Bier in sich hineinkippt, schafft Jupp im selben Zeitraum lediglich zweieinhalb Liter.

a) Erläutern Sie den Unterschied zwischen maßvoll und maßlos.

b) Wie oft besingt DJ Ötzi im Laufe des Abends » Ein(en) Stern, der deinen Namen trägt «?

c) Welchen ersten Eindruck hätten Außerirdische von der menschlichen Spezies, wenn sie durch einen unglücklichen Zufall ausgerechnet zur Oktoberfestzeit auf der Münchener Theresienwiese landen würden?

● ● ● ●

Oans, zwoa …

a) Keine Ahnung, ich spreche nur Deutsch!

b) Egal – die Drei wird ab anderthalb Promille eh ziemlich überbewertet.

c) G'suffa!!!

Frau T. möchte sich im Thailandurlaub auf Deutsch verständigen. Leider beherrscht ihr Gegenüber aber neben der Landessprache nur Englisch, Französisch, Portugiesisch und Russisch. Wie wird Frau T. reagieren?

a) Sie wiederholt das eben Gesagte lauter und/oder langsamer.

b) Sie wiederholt das eben Gesagte in Yoda-Deutsch (»Schnitzel mit Pommes du haben?«).

c) Sie beschwert sich nach ihrer Rückkehr bei Holidaycheck und Tripadvisor über die »ungebildeten Eingeborenen« sowie die »ausländerfeindliche Küche«.

● ● ● ●

Herr K. besitzt ein Haus, das von einem Gartenstück mit einer Grundfläche von 400 Quadratmetern umrandet wird. Pro Quadratmeter und Jahr fallen im Garten 2,5 Arbeitsstunden für Pflege- und Optimierungsaufgaben an (wie beispielsweise Rasen mähen, Unkraut jäten, Blumen pflanzen, Hecken schneiden etc.). [L 12]

a) Wie viel Freizeit verwendet Herr K. pro Woche für die Gartenarbeit?

b) Wie viel Freizeit steht Herrn K. insgesamt pro Woche zur Verfügung, wenn er 40 Wochenstunden arbeiten muss, 63 Wochenstunden schläft und pro Tag weitere dreieinhalb Stunden für sonstigen Kram außerhalb des Gartens draufgehen?

c) Wie viele Minuten pro Jahr kommt er dazu, einfach mal entspannt im Garten zu sitzen, die Beine hochzulegen und nichts zu tun?

● ● ● ●

Was machen drei Japaner in ihrer Freizeit?

a) Fotos.

Übersetzen Sie folgende Angaben aus einem Reisekatalog in verständliches Deutsch: »**Das Hotel mit internationaler Atmosphäre liegt zentral inmitten eines aufstrebenden Ferienorts. Kurzer Transfer zur Unterkunft, kontinentales Frühstück inklusive.**«

a) *Der Russenanteil liegt bei über 80 Prozent, der Rest sind Engländer und Schweden.*

b) *Die von Baustellen umgebene Absteige liegt an einer viel befahrenen Hauptstraße und/oder der örtlichen Vergnügungsmeile.*

c) *Sie können von Ihrem Zimmer aus praktischerweise direkt aufs Rollfeld des Flughafens schauen.*

d) *Morgens gibt es Brot vom Vortag sowie lauwarmen Kaffee. Milch und Zucker kosten extra.*

● ● ● ●

Sandalen zu Socken verhalten sich wie …

a) *… Arsch zu Eimer.*

b) *… deutsch zu Urlaub.*

c) *… Not zu Elend.*

● ● ● ●

Familie T. fährt mit dem Pkw von Deutschland nach Italien. Auf der Rückbank sitzen die drei Kinder Ben, Fynn und Noah. Zusammen sind diese 21 Jahre alt, wobei Ben zwei Jahre älter ist als Fynn, der wiederum vier Jahre jünger ist als sein Bruder Noah. Das Auto ist seit einer halben Stunde unterwegs.

a) *Wer hat Hunger?*

b) *Wer muss Pipi?*

c) *Wer hat gerade gepupt?*

Woran erkennen Sie, dass ein Urlaub tatsächlich erholsam war?

a) *Sie haben zwischenzeitlich sämtliche geschäftlichen Passwörter vergessen.*

b) *Sie benötigen für die erste Fahrt ins Büro das Navigationsgerät.*

c) *Wie heißen die Kollegen noch gleich?*

• • • •

Was machen drei Deutsche in ihrer Freizeit?

a) *Urlaub auf Mallorca.*

b) *Kartoffelsalat.*

c) *Sie gründen einen Verein.*

• • • •

Familie P. möchte an einem sonnigen Ferientag das Innere einer europäischen Sehenswürdigkeit besuchen. Neben Familie P. hatten leider noch ein paar andere Menschen dieselbe Idee, was dazu führt, dass die Warteschlange vor der Kasse bereits auf stattliche 350 Meter angewachsen ist, als Familie P. eintrifft. [L 13]

a) *Wie lange muss Familie P. auf die ersehnte Besichtigung warten, wenn sie pro Minute anderthalb Meter vorangeschoben wird?*

b) *Ermitteln Sie den Anteil japanischer und chinesischer Touristen in der Schlange.*

c) *Wie viele Selfiesticks werden Herrn P. während der gesamten Wartezeit ins Auge gerammt, auf den Hinterkopf geschlagen oder in anderen Körperpartien versenkt?*

d) *Beschreiben Sie die Laune von Frau P., als sich das Kassenpersonal kurz vor Erreichen des Ziels für heute in den Feierabend verabschiedet.*

Mobilität

Herr S. fährt ein schickes Kraftfahrzeug der Oberklasse, Herr M. einen popligen Kleinwagen. In Summe kommen die beiden Autos auf 497 PS; gekostet haben sie zusammen 110.000 Euro. [L 14]

a) *Wie viele PS leisten die Pkws von Herrn S. und Herrn M. jeweils, wenn der Wagen der Oberklasse siebenmal so viel PS hat wie das Auto von Herrn M.?*

b) *Wie viel haben die Pkws von Herrn S. und Herrn M. jeweils gekostet, wenn das Auto von Herrn S. zehnmal so teuer war wie der Kleinwagen?*

c) *Mit welcher Geschwindigkeit stehen die beiden jeden Morgen im Stau?*

• • • •

Herr G. bucht im Internet eine Bahnfahrt von München nach Bielefeld zum Preis von 152,00 Euro. Frau N. bezahlt für dieselbe Strecke am Schalter 131,50 Euro. [L 15]

a) *Wie viel Prozent spart Frau N. gegenüber Herrn G.?*

b) *Welchen Preis würde Herr X. bezahlen, wenn er die Zugfahrt am Automaten bucht?*

c) *Was wollen Frau N., Herr G. und Herr X. in Bielefeld?*

• • • •

Höchstgeschwindigkeitsüberschreitung. [L 16]

a) *Wie viele Punkte bekommen Sie dafür bei Scrabble?*

b) *Wie viele Punkte bekommen Sie dafür in Flensburg?*

c) *Auf welche können Sie getrost verzichten?*

Zwei besorgniserregende Fakten:

– **68 Prozent aller Männer ziehen »normale Unterhosen«
(Doppelripp mit Eingriff) modischen Boxershorts vor.**

– **50 Prozent der männlichen Bevölkerung ist schon
mindestens einmal bei Rot über die Ampel gefahren.**

Beide Ereignisse sind unabhängig voneinander. **[L 17]**

a) *Wie hoch ist die Wahrscheinlichkeit, dass ein Träger von »normalen Unterhosen« bei Rot über die Ampel fährt?*

b) *Wie hoch ist die Wahrscheinlichkeit, dass ein Mann mit Boxershorts bei Rot über die Ampel fährt?*

c) *Weshalb ist Doppelripp im Straßenverkehr überhaupt noch erlaubt?*

• • • •

**Um 11:30 Uhr startet am Münchener Hauptbahnhof
ein ICE mit dem Reiseziel Dortmund (Ankunft 17:21
Uhr). Genau 247 Minuten später rollt in Dortmund
ein weiterer ICE in die entgegengesetzte Richtung los
(Ankunft in München 21:27 Uhr). Die Entfernung
München–Dortmund beträgt 600 Kilometer.**

a) *Wie hoch stehen die Chancen, dass sich die beiden Züge irgendwo auf der Strecke begegnen?*

b) *Erläutern Sie den Begriff »Verzögerungen im Betriebsablauf«.*

Herr T. fährt samstagnachmittags zum Einkaufen und möchte seinen Wagen im innerstädtischen Parkhaus abstellen. Laut einer Anzeigetafel neben der Einfahrt sind in diesem Moment 30 der insgesamt 171 vorhandenen Parkplätze frei. [L 18]

a) Wie viele Parkplätze sind tatsächlich frei, wenn man davon ausgeht, dass ein Fünftel der bereits abgestellten Pkws (vorwiegend sogenannte » SUVs «) zwei Stellplätze blockiert und drei weitere Parkbuchten wegen baulicher Maßnahmen » vorübergehend gesperrt « sind?

b) Herr T. bewegt sich mit einer Geschwindigkeit von acht Kilometern pro Stunde fort. Das Parkhaus umfasst vier Etagen; jede Etage ist (inkl. der Auf- bzw. Abfahrt zur nächsten Ebene) 112 Meter lang. Wie viele vollständige Runden hat Herr T. bereits gedreht, ehe er 24 Minuten später endlich einen freien Parkplatz entdeckt?

c) Können Sie nachvollziehen, weshalb Herr T. vollends ausrastet, als er beim Verlassen des Wagens von einer Passantin darauf hingewiesen wird, dass er gerade rechtswidrig einen Mutter-Kind-Parkplatz blockiert?

• • • •

Der Außendurchmesser eines Kreisverkehrs beträgt 18 Meter, die ringförmige Straße ist 3,4 Meter breit.

a) Wie hoch ist der Anteil der Autofahrer, die beim Ausfahren aus dem Kreisverkehr ordnungsgemäß den Blinker setzen?

b) Wie hoch ist der Anteil der Autofahrer, die entweder völlig sinnfrei beim Einfahren in den Kreisverkehr oder überhaupt nicht blinken?

c) Finden Sie passende Adjektive für die in b) beschriebenen Verkehrsteilnehmer.

Herr G. benutzt für die Fahrt zur Arbeit eine viel befahrene dreispurige Autobahn. Eines Morgens entdeckt er (angekündigt von einem Schild » WIR BAUEN FÜR SIE «), dass die besagte Autobahn auf einem 12,7 Kilometer langen Teilstück bis auf Weiteres nur noch zweispurig befahrbar ist. [L 19]

a) *Um wie viele Minuten erhöht sich seine tägliche Fahrzeit, wenn sich die durchschnittliche Geschwindigkeit auf besagtem Teilstück von ehemals 100 auf nunmehr 25 Kilometer pro Stunde reduziert?*

b) *Wie viele Monate später werden erstmals Arbeiter im Baustellenbereich gesichtet?*

c) *Wurde Herr G. jemals gefragt, ob er überhaupt möchte, dass für ihn gebaut wird?*

• • • •

Herr L. tauscht seinen 12 Jahre alten Golf gegen ein moderneres, fabrikneues Fahrzeug ein.

a) *Wie viele Knöpfe, Schalter, Drehregler, Hebel, LEDs und Displays hatte sein alter Golf?*

b) *Wie viele Knöpfe, Schalter, Drehregler, Hebel, LEDs und Displays hat das neue Fahrzeug?*

c) *Wo geht das verdammte Radio an?*

Frau P. fährt zum Tanken ins acht Kilometer entfernte Nachbardorf, da sie von ihrer besten Freundin gehört hat, dass der Sprit dort mit aktuell 1,44 Euro pro Liter um vier Cent günstiger sei als an der Tankstelle nebenan. Sie tankt exakt 30,01 Liter und ist in Summe 32 Minuten unterwegs.
[L 20]

a) *Wie viel Benzin hat sie auf der Hin- und Rückfahrt verbraucht, wenn ihr Wagen auf 100 Kilometer neun Liter schluckt?*

b) *Was dürfte ein Liter Benzin maximal kosten, damit Frau P. unter Berücksichtigung des Ergebnisses aus Teilaufgabe a) tatsächlich etwas spart?*

c) *Weshalb verbeißt sich Frau P. in ihrem Lenkrad, als sie auf der Heimfahrt bemerkt, dass die Tankstelle nebenan ihre Preise gerade um fünf Cent gesenkt hat?*

• • • •

Frau M. fährt mit 97 Kilometer pro Stunde auf einer dreispurigen Autobahn.

a) *Warum benutzt sie ausschließlich die mittlere Spur?*

b) *Wie viele beleidigende Gesten und Lichthupen bekommt sie im Laufe der zehn Kilometer langen Strecke zu sehen?*

c) *Weshalb hält Frau M. 98 Prozent aller Verkehrsteilnehmer für Raser und Rowdies?*

Ein Lkw mit einer Geschwindigkeit von 90 Kilometer pro
Stunde wird auf der Autobahn von einem anderen Lkw
überholt. Der gegenseitige Abstand vor und nach dem
Überholen beträgt 30 Meter, beide Lkws sind je 18 Meter
lang. [L 21]

a) Wie lange dauert der Überholvorgang, wenn der überholende
   Lkw mit einer Geschwindigkeit von 90,003 Kilometer pro Stunde
   unterwegs ist?

b) Angenommen, der Überholvorgang beginnt auf der A7 im
   Norden Schleswig-Holsteins – in welchem Bundesland wird er in
   etwa abgeschlossen sein?

c) Erklären Sie die Verkehrsmeldung » ... A7: 930 Kilometer Stau
   zwischen Flensburg und Kempten im Allgäu ... «

• • • •

Sie fahren mit Ihrem hochgradig verschmutzten Wagen zur
nächstgelegenen Waschstraße.

a) Erläutern Sie den Unterschied zwischen der Schaumpflege
   (9,90 Euro), der Intensivpflege (11,90 Euro), der Super-Intensiv-
   pflege (13,90 Euro) und der Komplettpflege (16,90 Euro).

b) Fühlt sich nicht jedes Programm beim Durchfahren exakt gleich
   an?

c) Erklären Sie, weshalb Sie auf dem Nachhauseweg mit Ihren
   frisch geputzten Reifen mindestens ein Matschloch mitnehmen
   – und das, obwohl es bereits seit zwei Wochen nicht mehr
   geregnet hat.

An einer Ampel stehen 37 Pkws vor Ihnen. Jede Grünphase der Signalanlage ist exakt 25 Sekunden lang. [L 22]

a) *Nach wie vielen Grünphasen können Sie die Kreuzung endlich passieren, wenn die Reaktionszeit auf das Anfahren des Vordermanns im Durchschnitt sechs Sekunden beträgt?*

b) *Auf welchen Wert ließe sich die durchschnittliche Reaktionszeit reduzieren, wenn sich jeder auf den Verkehr konzentrieren würde – und nicht auf das Handy, das Schnuckelchen im Rückspiegel oder die putzigen Eichhörnchen am Straßenrand?*

c) *Wie oft schauen Sie während einer Rotphase auf Ihr Smartphone, in den Rückspiegel oder neben die Straße? Und warum hupt der Depp hinter Ihnen schon wieder wie ein Irrer?*

d) *Oh, wie niedlich, ein Eichhörnchen …*

• • • •

Auf einer Landstraße gilt auf einem drei Kilometer langen Teilstück aus Lärmschutzgründen eine Geschwindigkeitsbeschränkung von 60 Kilometer pro Stunde. [L 23]

a) *Wie lange braucht ein Pkw, um das Teilstück zu passieren, wenn er mit 60 Kilometer pro Stunde unterwegs ist?*

b) *Wie lange braucht ein Pkw, um das Teilstück zu passieren, wenn er mit 80 Kilometer pro Stunde unterwegs ist?*

c) *Welches der beiden Autos macht länger Krach?*

Sie nehmen sich vor, für exakt 30 Euro zu tanken.

a) *Wie hoch ist die Wahrscheinlichkeit, dass die Anzeige der Zapfsäule bei exakt 30,00 Euro zum Stehen kommt (Lösungshinweis: p < 20 Prozent)?*

b) *Wie hoch ist die Wahrscheinlichkeit, dass die Anzeige der Zapfsäule bei (bestenfalls) 30,01 Euro zum Stehen kommt (Lösungshinweis: p >= 80 Prozent)?*

c) *Wie hoch ist die Wahrscheinlichkeit, dass Sie den passenden Cent-Betrag gerade im Geldbeutel haben (Lösungshinweis: p <= 1 Prozent)?*

● ● ● ●

Ein Zug besteht aus zwei Zugteilen. Gemäß Wagenstandsanzeiger halten die Wagen der ersten Klasse in den Gleisabschnitten C und G. Sie haben eine Reservierung für Wagen 32, der sich laut Wagenstandsanzeiger in Abschnitt A befindet.

a) *Zu welchem Abschnitt müssen Sie hetzen, wenn der Zug heute » ausnahmsweise « in umgekehrter Wagenreihung verkehrt?*

b) *Welche Strecke haben Sie bis dahin zurückgelegt, wenn ein einzelner Gleisabschnitt 65 Meter lang ist?*

c) *Erläutern Sie den Begriff » Polemik « anhand des Bahn-Werbeslogans » Die Bahn macht mobil «.*

d) *Wie hoch ist die Wahrscheinlichkeit, dass Wagen 32 aufgrund einer ausgefallenen Klimaanlage derzeit leider nicht benutzbar ist?*

Gegeben sei folgender Graph:

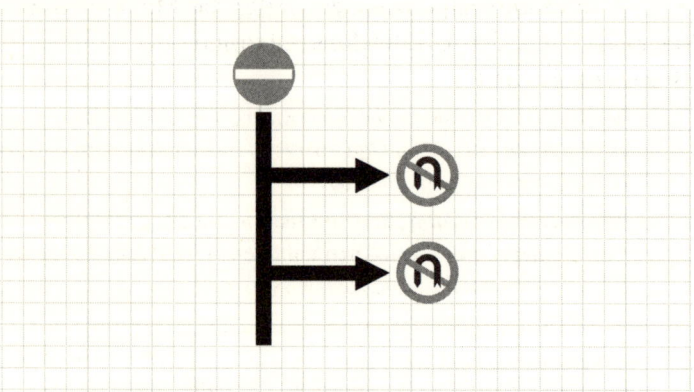

a) *Ermitteln Sie die erste Ableitung.*

b) *Finden Sie den Wendepunkt.*

• • • •

Herr H. legt den 3,2 Kilometer langen Weg ins Büro wahlweise mit dem Auto oder mit dem Fahrrad zurück.

a) *Wie oft regt er sich während der Fahrt zur Arbeit über die dämlichen Radfahrer auf, wenn er mit dem Auto unterwegs ist?*

b) *Wie oft beschimpft er rücksichtslose Autofahrer, wenn er sich für das Fahrrad entscheidet?*

c) *Warum sind immer nur die anderen schuld?*

» Dem Fahrzeugführer ist die Benutzung eines Mobil- oder Autotelefons untersagt, wenn er hierfür das Mobiltelefon oder den Hörer des Autotelefons aufnimmt oder hält. «
(§ 23 Abs. 1a StVO)

a) *Warum sind Mobiltelefone am Steuer verboten, Festnetzgeräte aber erlaubt (Urteil des Oberlandesgerichts Köln vom 22.10.2009, Aktenzeichen 82 Ss-OWi 93/09)?*

b) *Wieso ist der Blick auf die Armbanduhr gestattet, das Ablesen der Uhrzeit von einem Smartphone jedoch nicht (Oberlandesgericht Hamm, Aktenzeichen 2Ss OWi 177/05)?*

c) *Weshalb ist es grundsätzlich nicht zu beanstanden, sich während der Fahrt gemütlich den Bart zu stutzen – allerdings nur, wenn der dafür verwendete Akkurasierer optisch klar von einem Handy zu unterscheiden ist (Oberlandesgericht Hamm, Aktenzeichen 2 Ss OWI 528/06)?*

d) *Folgt die deutsche Verkehrsrechtsprechung logischen Gesetzen?*

• • • •

Sie befinden sich an der Sicherheitskontrolle am Flughafen.

a) *Wie viele Liter Cola passen in die fünf 100-Milliliter-Fläschchen, die der Typ vor Ihnen im Handgepäck hat?*

b) *Wie viele Liter Cola passen in die 0,5-Liter-Flasche, die Sie im Handgepäck haben?*

c) *Wieso kommt der Typ vor Ihnen ungeschoren davon, während Sie vom Sicherheitspersonal rundgemacht werden?*

d) *Wie viel sicherer fühlen Sie sich jetzt?*

Herr R. fährt jeden Tag 54 Kilometer zur Arbeit und zurück. Seine durchschnittliche Geschwindigkeit beträgt 45 Kilometer pro Stunde, der Benzinverbrauch liegt aufgrund seiner etwas ruppigen Fahrweise bei 8,1 Litern pro 100 Kilometer. Herr R.s Nachbar legt täglich dieselbe Strecke zurück. Durch eine deutlich ökonomischere Fahrweise kommt dieser jedoch auf einen Verbrauch von 6,4 Litern. Allerdings ist seine Durchschnittsgeschwindigkeit um 4 Prozent geringer als die von Herrn R. [L 24]

a) *Warum bilden die beiden keine Fahrgemeinschaft?*

b) *Wie viele Minuten Fahrzeit spart Herr R. gegenüber seinem Nachbarn?*

c) *Wie viele Euro Spritkosten spart sein Nachbar gegenüber Herrn R.?*

d) *Wer kann sich letzten Endes mehr davon kaufen?*

• • • •

Pro Sitzreihe teilen sich drei Fluggäste jeweils vier Armlehnen. Frau U. hat in der Mitte Platz genommen.

a) *Wie viele Armlehnen stehen jedem Fluggast theoretisch zur Verfügung?*

b) *Wer hat am Ende die Arschkarte?*

Was zeigt das folgende Schaubild?

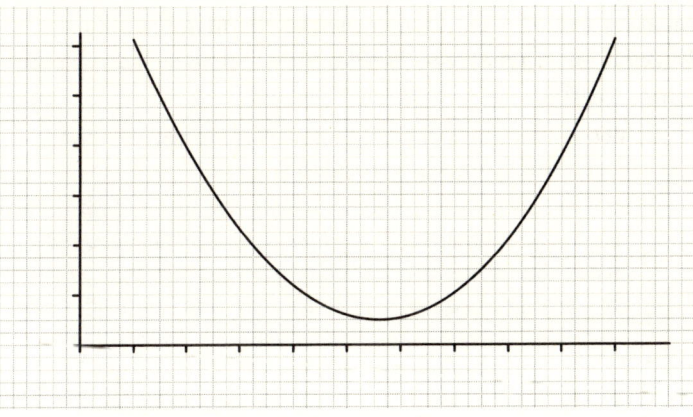

a) Die gefühlte Fahrtauglichkeit in Abhängigkeit vom Blutalkohol-
   gehalt.

b) Die Überzeugung, der beste und sicherste Autofahrer der Welt zu
   sein in Abhängigkeit vom Lebensalter.

c) Eine Kurve.

● ● ● ●

Wie lautet die zentrale Regel im Straßenverkehr?

a) Rechts vor links.

b) Punkt vor Strich.

c) Stern vor allem.

**Die Benutzung einer Autobahntoilette kostet 70 Cent
pro Person. Im Gegenzug erhält der Besucher einen Bon
im Wert von 50 Cent, den er anschließend auf seinen
Einkauf im zugehörigen Tankstellenshop anrechnen lassen
kann.** [L 25]

a) *Wie viel muss die vierköpfige Familie K. für einen kollektiven
Toilettenstopp insgesamt bezahlen?*

b) *Was müsste Familie K. zusätzlich berappen, wenn sie tatsächlich
alle vier Bons einlöst? (Lösungshinweis: Pro Einkauf wird maximal ein Bon je Person angerechnet. Mindestumsatz: 2,50 Euro.
Die Verrechnung mit Kosten für Schmier- und Kraftstoffe sowie
für preisgebundene Artikel wie Tabakwaren, Zeitschriften oder
Handykarten ist ausgeschlossen.)*

c) *Wie hoch wären die zu erwartenden Pinkelkosten, wenn
sich Familie K. alternativ am Straßenrand erleichtern würde?
(Lösungshinweis: Das Ordnungsgeld pro Wildpinkler beträgt
50 Euro; die Wahrscheinlichkeit, dabei tatsächlich entdeckt zu
werden, liegt bei etwa einem Prozent.)*

d) *Welche Variante wäre aus wirtschaftlichen Gesichtspunkten
(leider) zu bevorzugen?*

●　●　●　●

[WS] Wende in drei Zügen.

a) *Vor, zurück.*

b) *Links, rechts, links, rechts, links, rechts – BUMM!*

c) *Stelle den Begriff » wirtschaftlicher Totalschaden « pantomi-
misch dar.*

Vier von zehn Niederländern besitzen einen Wohnwagen. [L 26]

a) Wie viele Wohnwagen gibt es in den Niederlanden (Einwohnerzahl: 16,8 Millionen) insgesamt?

b) Welche Länge hätte die Wohnwagenschlange inklusive der ziehenden Pkws, wenn man alle niederländischen Caravans aneinanderreihen würde (durchschnittliche Länge pro Gespann: zwölf Meter)?

c) Halten Sie es für realistisch, die in b) errechnete Schlange komplett auf dem 13.000 Kilometer langen Autobahnnetz der Bundesrepublik Deutschland unterzubringen?

d) Weshalb versuchen es unsere lieben Nachbarn trotzdem jeden Sommer aufs Neue?

• • • •

Kevin rüstet seine Schrottkarre mit einem Sportauspuff sowie einem Heckspoiler auf. Was hat Kevin jetzt?

a) Einen schnittigen Sportwagen.

b) 800 Euro Schulden.

c) Eine laute und hässliche Schrottkarre.

• • • •

[WS] Biegen Sie nach rechts ab.

a) ↗

b) ←

c) ↑

Ein Flug von Stuttgart nach Hamburg dauert anderthalb Stunden. Mit dem Zug ist man für dieselbe Strecke rund fünf Stunden unterwegs. [L 27]

a) *Wie lange ist man mit dem Flugzeug effektiv unterwegs, wenn man zwei Stunden vor Abflug am Flughafen sein sollte, die Maschine zwanzig Minuten Verspätung hat, der Koffer eine halbe Stunde nach der Landung erstmals auf dem Gepäckband auftaucht und die anschließende Zugfahrt vom Flughafen zum Hauptbahnhof (inklusive Fußmarsch zur Haltestelle plus Wartezeit) eine weitere Stunde in Anspruch nimmt?*

b) *Wie lange ist man mit der Bahn effektiv unterwegs, wenn der Zug eine Viertelstunde Verspätung hat?*

c) *Warum sind 70 Prozent aller Reisenden trotzdem der festen Überzeugung, das Flugzeug wäre das schnellste Verkehrsmittel überhaupt?*

• • • •

» Vorsicht! Auf der Autobahn Ax zwischen y und z liegen Gegenstände auf der Fahrbahn … «. Was verlieren Autofahrer auf Deutschlands Straßen am häufigsten?

a) *Reifenteile.*

b) *Spanngurte.*

c) *Kanthölzer.*

d) *Die Nerven.*

Herr A. touchiert beim Einparken einen Betonpfeiler. Wer ist seiner Meinung nach schuld?

a) *Der Pfeiler.*

b) *Der Parkhausbetreiber.*

c) *Die allgemeine weltpolitische Lage.*

● ● ● ●

Frau A. touchiert beim Einparken einen Betonpfeiler. Wer ist nach Meinung ihres Mannes schuld?

a) *Sie.*

b) *Sie.*

● ● ● ●

Herr A. holt sich in der nächstgelegenen Vertragswerkstatt einen Kostenvoranschlag für die Beseitigung des mit bloßem Auge kaum erkennbaren Blechschadens ein.

a) *1.598 Euro (zuzüglich Mehrwertsteuer).*

● ● ● ●

Herr A. lässt den mit bloßem Auge kaum erkennbaren Blechschaden an seinem Wagen in der nächstgelegenen freien Werkstatt reparieren.

a) *250 Euro (inklusive Mehrwertsteuer).*

[WS] Das europaweit gefährlichste Verkehrsmittel ist das Motorrad. Es folgen das Auto, der Bus, die Tram und die Bahn. Was gilt mit Abstand als das sicherste Verkehrsmittel?

a) *Drachen.*

b) *Raumschiff.*

c) *Einhorn.*

• • • •

Herr M. (78 Jahre alt) kauft sich ein nagelneues Fahrzeug der Oberklasse.

a) *Was denken die Nachbarn?*

b) *Was denken die potenziellen Erben?*

c) *Was denken die Menschen, die mit 50 Kilometer pro Stunde auf der freien Landstraße hinter Herrn M. herschleichen?*

• • • •

Das Multimediadisplay in Ihrem Auto zeigt Ihnen nach dem Anfahren folgende Meldung an: » Warnung: Lassen Sie sich durch das System nicht vom Verkehrsgeschehen ablenken! «

Was tun Sie?

a) *Ich lese aufmerksam, was da steht. Es könnte schließlich wichtig sein.*

b) *Ich ignoriere das Display und konzentriere mich stattdessen voll und ganz auf das Verkehrsgeschehen.*

c) *Welche Meldung? Ich war gerade so in mein iPad vertieft ...*

Einkauf
und Shopping

In einem Supermarkt stehen vier Pfandrückgabeautomaten – zwei für Kisten und Einzelflaschen, zwei nur für Einzelflaschen. Erfahrungsgemäß ist von jedem Modell eins » derzeit außer Betrieb «. Der professionelle Pfandsammler Friedhelm R. betritt mit drei XXL-Müllbeuteln (jeweils mit 25 Einzelflaschen bestückt) den Supermarkt. Beide funktionierenden Automaten sind frei. **[L 28]**

a) *Wieso stellt er sich ausgerechnet an den kombinierten Automaten an, wenn er nur Einzelflaschen zurückzugeben hat?*

b) *Aufgrund des Konsums mehrerer hochprozentiger Getränke ist Friedhelm R. in seinem Bewegungsapparat bereits ein wenig eingeschränkt. Deshalb benötigt er für die Rückgabe einer einzigen Flasche im Schnitt 20 Sekunden. Wie lange hält er den Verkehr auf?*

c) *Auf welche Länge wächst die Schlange hinter ihm in diesem Zeitraum an, wenn pro Minute vier neue Kunden mit mindestens einer Kiste hinzukommen und jeder Kunde (inkl. Einkaufswagen) 1,5 Meter Platz für sich beansprucht?*

d) *Erstellen Sie eine Funktion, die die Laune der wartenden Kunden in Abhängigkeit von ihrem jeweiligen Platz in der Schlange abbildet, und diskutieren Sie diese. Zum Beispiel mit der netten Dame vor Ihnen in der Reihe. Schließlich haben Sie beide in den nächsten rund 25 Minuten eh nichts Besseres zu tun ...*

Frau M. läuft eine Fußgängerzone von 2,3 Kilometer Länge auf der einen Seite hoch und auf der anderen wieder herunter. Dabei kommt sie an neun Schuh- und drei Handtaschengeschäften vorbei, ohne einen dieser Läden zu betreten.

a) *Finden Sie den logischen Fehler in der Aufgabenstellung, und korrigieren Sie diesen.*

b) *Wieso gönnt sich Frau M. zwei neue Paar Schuhe und eine neue Handtasche, obwohl sie bereits 35 Paar Schuhe sowie elf Handtaschen besitzt?*

c) *Wie viele Tage in Folge könnte Frau M. mit jeweils einer neuen Schuh-Handtaschenkombination aus dem Haus gehen, ohne sich dabei zu wiederholen?*

● ● ● ●

Herr K. versucht, eine Blisterverpackung mit seinen bloßen Händen zu öffnen.

a) *Ermitteln Sie den Schnittpunkt.*

b) *Wo sind die Pflaster?*

Frau A. kauft im Supermarkt zwei Milchpackungen.

a) *Welche Arbeit muss Frau A. verrichten, wenn sie ihren Einkauf in einer Plastiktüte zum zehn Meter entfernten Auto trägt?*

b) *Welche Arbeit muss Frau A. verrichten, wenn sie die Milchkartons einfach in ihren Händen zum zehn Meter entfernten Auto transportiert?*

c) *Weshalb greift Frau A. an der Kasse dennoch zu einer Plastiktüte?*

d) *Die Plastiktüte ist eine halbe Stunde in Benutzung. Anschließend benötigt das verwendete Polyethylen ungefähr das 5,2-Millionen-Fache dieser Zeit, bis es (sofern nicht ordnungsgemäß entsorgt und verbrannt) einigermaßen abgebaut ist. Wie alt wäre der Ur-Ur-Ur-Ur-Ur-Ur-Ur-Ur-Ur-Enkel von Frau A. zu diesem Zeitpunkt, wenn er in 250 Jahren geboren werden würde?*

• • • •

Der Anteil der Rentner an der Gesamtbevölkerung beträgt in Deutschland aktuell rund 24 Prozent.

a) *Ermitteln Sie den Rentneranteil in deutschen Supermärkten zur Feierabendzeit.*

b) *Erörtern Sie mögliche Gründe für die enorme Diskrepanz der beiden Werte.*

Herr I. hat dreizehn unterschiedliche Produkte in seinem Einkaufswagen liegen.

a) *Ist es legitim, dass er sich an der Schnellkasse (bis maximal acht Artikel) anstellt?*

b) *Warum macht er es trotzdem?*

Frau O. kauft im Supermarkt drei Salatköpfe, fünf Tomaten, vier Karotten, zwei Zucchini sowie eine Stange Porree.

a) *Was macht ein einzelner Mensch mit so viel Grünzeug?*

b) *Wo ist das Fleisch?*

c) *Wie lange hält sie an der Kasse den Verkehr auf, weil sie wieder einmal vergessen hat, ihre schrecklich gesunden Waren in der Ost- und Gemüseabteilung abzuwiegen?*

• • • •

Ein handelsüblicher Einkaufswagen ist 60 Zentimeter breit.

a) *Wie breit sind zwei handelsübliche Einkaufswagen?*

b) *Wie viele handelsübliche Einkaufswagen kommen problemlos aneinander vorbei, wenn die handelsübliche Gangbreite im Einzelhandel 119 Zentimeter beträgt?*

Sie kaufen Lebensmittel für 46,30 Euro, zwei Zeitschriften im Wert von 10,70 Euro sowie Klopapier (2,69 Euro). Zudem lösen Sie noch einen Pfandbon in Höhe von 3,10 Euro ein.

a) *Sammeln Sie Treuepunkte?*

b) *Möchten Sie Sticker?*

c) *Payback oder Deutschlandcard?*

•   •   •   •

360 Milliliter Essiggurken eines namhaften Herstellers kosten 1,49 Euro. Ein 720-Milliliter-Glas Essiggurken der entsprechenden Eigenmarke kostet ebenfalls 1,49 Euro. Während sich das Produkt des namhaften Herstellers auf Augenhöhe befindet, muss sich der Kunde für die etwas ungünstiger platzierte Eigenmarke ungefähr 50 Zentimeter tief bücken. [L 29]

a) *Wie viel kostet eine einzelne Essiggurke des namhaften Herstellers, wenn sich zehn Stück im Glas befinden?*

b) *Wie viel kostet eine einzelne Essiggurke der Eigenmarke, wenn sich zwanzig Stück im Glas befinden?*

c) *Wie hoch ist die Ersparnis pro Essiggurke und gebücktem Zentimeter?*

d) *Finden Sie das gegenüber eingeschränkt bewegungsfähigen Kunden auch nur ansatzweise fair?*

Das Ehepaar J. betritt eine Shopping-Mall, in der sich unter anderem eine Damenboutique sowie ein Elektrofachmarkt befinden. Während sich Frau J. »nur ganz kurz« im Bekleidungsgeschäft umschauen möchte, nutzt Herr J. die Gunst der Stunde und stattet dem Elektrofachmarkt einen Besuch ab.

a) *Herr J. informiert sich ausführlich über den aktuellen Stand der Technik bei TV-Geräten, Computern und Dolby-Surround-Systemen. Nach 80 Minuten bekommt er ein schlechtes Gewissen und beschließt, seine Frau nicht länger warten zu lassen. Weshalb begrüßt sie ihn in der Damenboutique überrascht mit den Worten: »Warum bist du denn schon wieder da?«*

b) *Beim Eintreffen ihres Mannes befindet sich Frau J. am Anfang des Bereichs »Oberbekleidung« (X_2), der nur sieben Meter vom Eingang des Bekleidungsgeschäfts (X_1) entfernt ist. Mit welcher Geschwindigkeit hat sie sich im subjektiven Empfinden von Herrn J. in den vergangenen 80 Minuten fortbewegt?*

c) *Mit welcher Geschwindigkeit war sie tatsächlich unterwegs, wenn ihr Laufweg in der genannten Zeitspanne wie folgt aussah?*

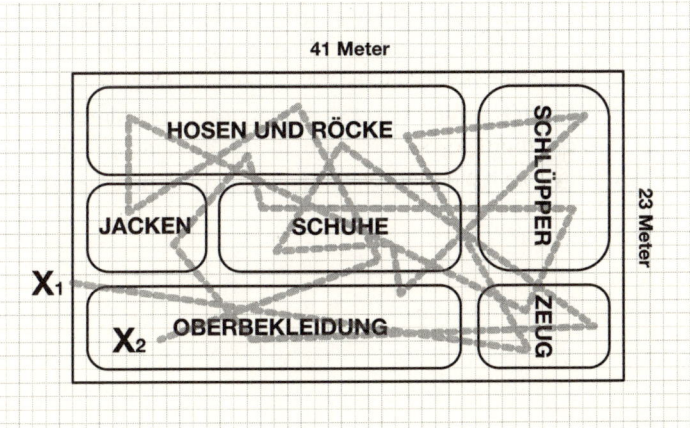

Nur mal gucken heißt …

a) *Nur mal gucken.*

b) *Nur eine Jeans, ein » total süßes « Oberteil sowie zwei Paar Schuhe (reduziert!).*

c) *Ordnen Sie die beiden Interpretationen jeweils einem beteiligten Geschlecht zu.*

● ● ● ●

Sie nähern sich mit Ihrem Einkaufswagen dem Kassenbereich. Zur Wahl stehen zwei Kassen. Vor Kasse 1 stehen drei Kunden mit jeweils wenigen Artikeln, an Kasse 2 befindet sich ein einziger Kunde, dessen Einkaufswagen jedoch bis zum Rand gefüllt ist. Für welche Kasse entscheiden Sie sich?

a) *Sie wählen Kasse 1. Die Verkäuferin an Kasse 2 muss jeden Artikel sicherlich fünfmal umdrehen, ehe sie den Barcode findet – was bei einem randvollen Wagen Stunden dauern könnte.*

b) *Sie wählen Kasse 2. Denn nicht der Füllgrad der Einkaufswagen bestimmt die Abfertigungsgeschwindigkeit, sondern die Anzahl an Bezahlvorgängen. Die Wahrscheinlichkeit ist groß, dass mindestens einer der drei Kunden an Kasse 1 plötzlich seine PIN vergessen hat, den Rechnungsbetrag moniert oder versucht, die fälligen 21,93 Euro komplett in 1-, 2- und 5-Cent-Münzen zu entrichten.*

c) *Scheißegal – Sie reihen sich **immer** in der falschen Schlange ein!*

Samstagnachmittag im Baumarkt.

a) *Wie hoch ist der Frauenanteil in der Werkzeugabteilung (Lösungshinweis: x = 20 Prozent)?*

b) *Wie hoch ist der Männeranteil in der Pflanzenabteilung (Lösungshinweis: y = 20 Prozent)?*

c) *Wie hoch ist der Rabatt auf Tiernahrung (Lösungshinweis: t = 20 Prozent)?*

• • • •

Herr N. kauft im Baumarkt ein 500-teiliges Schraubenset für zwölf Euro. Darin enthalten sind 50 Schrauben in den gängigsten Maßen und 450 Schrauben in Größen, die kein normaler Mensch braucht.

a) *Warum hat Herr N. dennoch das Gefühl, ein wahres Schnäppchen gemacht zu haben?*

b) *Wie viele Jahre gammelt das Schraubenset größtenteils ungenutzt im Keller herum?*

c) *Ermitteln Sie die Wahrscheinlichkeit, dass Herr N. trotzdem wieder zu einem »sensationell günstigen« Set greift, sobald die Schrauben in den gängigsten Größen aufgebraucht sind.*

In einem Bekleidungsgeschäft liegen zwölf Pullover desselben Modells auf einem Stapel übereinander. Von oben nach unten sind die Pullis dabei wie folgt nach Größe angeordnet: 42 – 40 – 42 – 34 – 36 – 36 – 40 – 34 – 36 – 40 – 36 – 38.

a) *Frau Ü. ist verzückt und möchte den Pulli unbedingt anprobieren. Wie viele Exemplare muss sie beiseiteschieben, wenn sie Größe 38 benötigt?*

b) *Wie groß ist die Verzückung des Ladenbesitzers Herrn J. aufgrund des damit einhergehenden Textilchaos?*

c) *Finden Sie es ihm gegenüber okay, wenn Frau Ü. den Pullover nach der Anprobe achtlos auf den (mittlerweile wieder liebevoll neu arrangierten) Stapel zurückwirft, um ihn noch am selben Abend für 1,50 Euro weniger bei seiner Konkurrenz im Internet zu bestellen?*

● ● ● ●

Woran erkennen Sie den Hochsommer?

a) *Die Sonne scheint.*

b) *Es ist heiß.*

c) *Sie bekommen vom Versandhaus Ihres Vertrauens den brandneuen Winterkatalog zugeschickt.*

Das Ehepaar I. besucht ein schwedisches Möbelhaus.

a) *Wieso sind die beiden Einkaufswagen am Ende proppenvoll, obwohl Frau I. ursprünglich nur Teelichte kaufen wollte?*

b) *Wie viele Röstzwiebeln landen bei der anschließenden Nahrungsaufnahme neben statt auf dem Hotdog?*

c) *Bekommt man alle Einzelteile eines 2,36 Meter langen Kleiderschranks in einen VW Polo?*

• • • •

IKEA-Produkt oder Sexspielzeug? [L 30]

a) *Lustifik.*

b) *Infinit.*

c) *Wabbit.*

d) *Bumerang.*

e) *Rekdal.*

• • • •

Sie statten während eines Einkaufsbummels dem örtlichen Musikfachgeschäft einen Besuch ab.

a) *Wie viele gelangweilte Verkäufer bieten Ihnen ihre Mithilfe an, wenn Sie sich einfach nur in Ruhe umschauen möchten?*

b) *Wie lange müssen Sie auf einen kompetenten Verkäufer warten, wenn Sie beraten werden möchten?*

c) *Warum erwischen Sie am Ende ausgerechnet denjenigen Verkäufer, der von Tuten und Blasen noch weniger Ahnung hat als Sie selbst?*

**Frau G. benötigt Tomaten, Nudeln, Eier, Kaffee und
Frischkäse. In Supermarkt A sind Tomaten, Frischkäse und
Eier alle, in Supermarkt B fehlen Eier und Kaffee, während
Supermarkt C derzeit mit erheblichen Präsenzlücken bei
Milchprodukten und Tomaten zu kämpfen hat.**

a) *Wie viele Läden muss Frau G. aufsuchen, ehe sie endlich alles
beisammenhat?*

b) *Wie viele Produkte kauft sie darüber hinaus, wenn sie in jedem
Supermarkt noch drei weitere Artikel erwirbt, die dort gerade
sagenhaft günstig waren (obwohl sie diese eigentlich gar nicht
braucht)?*

c) *Wie beurteilen Sie im Hinblick auf die Aufgabenstellung sowie
unter Einbezug Ihrer persönlichen Erfahrungen den Realitätsge-
halt des Werbeslogans » Einmal hin, alles drin «?*

•   •   •   •

[WS] Nimm eins …

a) *… kauf zwei.*

b) *… zahl drei.*

c) *Stelle den Begriff » verkaufspsychologische Verarsche « in euryth-
mischer Form dar.*

Das Eisen eines Einkaufswagens hat einen Marktwert von 2,48 Euro. Das (minimale) Pfand für einen einzelnen Wagen beträgt 50 Cent. [L 31]

a) *Wie viele Einkaufswagen müssten Sie verscherbeln, um einen Gewinn von einer Million Euro zu erwirtschaften?*

b) *Was würde Ihnen das Millionärsdasein bringen, wenn Sie anschließend in sämtlichen Supermärkten der Welt zur Persona non grata erklärt werden?*

c) *Wie viele Münzen bräuchte man mindestens, wenn das Einkaufswagenpfand auf 2,48 Euro erhöht werden würde?*

● ● ● ●

Wie viele 50-Cent- und Ein-Euro-Münzen haben Sie in Ihrem Portemonnaie, wenn Sie keinen Einkaufswagen benötigen?

a) *Neun.*

b) *Siebzehn – hab mich schon gewundert, warum das Ding so schwer ist.*

● ● ● ●

Wie viele 50-Cent- und Ein-Euro-Münzen haben Sie in Ihrem Portemonnaie, wenn Sie einen Einkaufswagen benötigen?

a) *Null.*

b) *Keine.*

c) *Vielleicht noch was in der Hosentasche? Schade, doch nur ein Knopf.*

Arbeit

**Herr Maier und Herr Schmidt sind als Sachbearbeiter
in derselben Abteilung tätig. Während Herr Maier für
gewöhnlich um 7:30 Uhr mit der Arbeit beginnt und
um 16:30 Uhr Feierabend macht, kommt Herr Schmidt
regelmäßig gegen 9:00 Uhr ins Büro und arbeitet bis
18:00 Uhr. Beide machen je eine Stunde Mittagspause.**

a) *Berechnen Sie die tägliche Arbeitszeit von Herrn Maier und
Herrn Schmidt.*

b) *Weshalb muss Herr Maier auf dem Weg in die Tiefgarage
wiederholt despektierliche Äußerungen wie » Jetzt schon Feierabend? « oder » Halber Urlaubstag, was? « über sich ergehen
lassen, während Herr Schmidt (insbesondere bei den Führungs-
kräften) als knallhartes Arbeitstier gilt?*

c) *Welcher der beiden Kollegen hat in der nächsten Gehaltsrunde
wohl die besseren Karten?*

● ● ● ●

**Womit verbringt ein Student die letzten Tage vor der
Abgabe seiner Bachelor- oder Masterarbeit?**

a) *Er haut von früh bis spät hoch konzentriert in die Tasten –
schließlich hängt von dieser Arbeit seine berufliche Zukunft ab.*

b) *Er sitzt stundenlang vor einer leeren Word-Seite und starrt
Löcher in die Luft.*

c) *Er putzt die Fenster, ordnet seine Bücher im Regal nach der
Farbe der Buchrücken an, poliert das Besteck, streicht die Wände
seines Zimmers neu, sortiert die Werkzeugkiste und nimmt sich
vor, morgen endlich etwas für seine Arbeit zu tun.*

In einem Unternehmen finden täglich 63 Meetings
statt – mit einer durchschnittlichen Teilnehmerzahl von
je sechs Mitarbeitern. In 58 dieser 63 Besprechungen
kommen mittlerweile völlig veraltete Beamer zum Einsatz,
deren Konfiguration jeweils die erste Viertelstunde des
entsprechenden Meetings beansprucht (ehe man sich
völlig entnervt doch wieder dazu entschließt, den antiken
Overheadprojektor zu bemühen ...). **[L 32]**

a) *Wie viele Kollegen sitzen somit tagtäglich wie viele Arbeitsstun-*
   den sinnlos vor einer an die Wand projizierten Fehlermeldung
   herum und geben dabei kluge Ratschläge, wie man das
   vermeintliche Wunderwerk der Technik doch noch zum Laufen
   bringen könnte (»Drück doch mal Escape, F7, Shift und die
   rechte Maustaste gleichzeitig ... «)?

b) *Wie hoch ist der hieraus resultierende finanzielle Schaden für*
   das Unternehmen (pro Arbeitstag), wenn der durchschnittliche
   Stundensatz aller Mitarbeiter 24 Euro beträgt?

c) *Ein neues, funktionierendes Gerät kostet 348 Euro. Insgesamt*
   gibt es in der Firma 12 Besprechungsräume. Nach wie vielen
   Arbeitstagen hätte sich der Kauf von je einem neuen Beamer pro
   Besprechungsraum amortisiert?

• • • •

Für das Beladen von 60 Lkws benötigen zehn Mitarbeiter
eines renommierten Online-Versandhändlers ungefähr acht
Stunden. **[L 33]**

a) *Wie lange würden sechs Mitarbeiter für die Beladung benötigen?*

b) *Was würde die zugehörige Gewerkschaft dazu sagen?*

c) *Weshalb scheren sich Textaufgaben in Schulbüchern grundsätz-*
   lich einen Dreck um gesetzlich vorgeschriebene Pausen- und
   Ruhezeiten?

Herr V. fährt morgens 26,9 Kilometer zur Arbeit und abends denselben Weg wieder zurück. Laut Steuererklärung tut er dies an exakt 230 Tagen pro Jahr. [L 34]

a) *Wieso gibt er in seiner Steuererklärung einen täglichen Fahrtweg von 60 Kilometern an?*

b) *An wie vielen Tagen fuhr Herr V. tatsächlich zur Arbeit, wenn er freitags regelmäßig im Homeoffice ist und pro Monat im Schnitt anderthalb Tage krankfeiert?*

c) *Um wie viele Euro bescheißt er damit das Finanzamt (Entfernungspauschale pro Kilometer: 30 Cent; Grenzsteuersatz: 42 Prozent)?*

d) *Begründen Sie, weshalb Herr V. dennoch kein schlechtes Gewissen hat.*

• • • •

Die Teamassistentin Bianca S. wird am Montagmorgen damit beauftragt, einen Termin mit Frau J., Frau M. sowie den Herren D., F. und H. zu koordinieren. Das extrem wichtige Projektmeeting muss unbedingt im Laufe dieser Woche stattfinden. Herr F. ist den kompletten Dienstag sowie am Donnerstagvormittag im Kundengespräch, Frau J. von Mittwoch an auf einem zweitägigen Teambuilding-Workshop. Herr D. kann grundsätzlich nur zwischen 14:30 Uhr und 15:30 Uhr (außer Montag – da geht gar nichts), während Herr H. bis auf den Timeslot 15:25 Uhr bis 16:40 Uhr am Donnerstagnachmittag bereits komplett ausgebucht ist. Frau M. hat am Freitag Urlaub.

a) *Finden Sie ein passendes Zeitfenster.*

b) *Aus welchem Grund erhält Herr H. ungefähr das doppelte Gehalt von Bianca S., obwohl er den ganzen Tag bei Kaffee und Keksen in sinnlosen Meetings herumlungert, während sie verzweifelt versucht, wahre Wunder zu vollbringen?*

Viele geschäftliche E-Mails haben am Ende einen sogenannten »Umweltschutzhinweis«, der in etwa so aussieht:

> **Bitte prüfen Sie, ob diese Mail wirklich ausgedruckt werden muss! Denken Sie an die Umwelt!**
>
> **Please consider the environment before printing this e-mail!**
>
> **Vous devez absolument imprimer ce message électronique? Pensez à l'environnement!**
>
> **Должно ли это сообщение печататься? Думайте об окружающей среде!**

a) *Wie viele Kollegen hat das bislang davon abgehalten, jeden noch so unbedeutenden Kram auszudrucken und fein säuberlich abzuheften?*

b) *Bewerten Sie die eigentliche Intention dieser Idee, wenn sie in rund 70 Prozent aller (Druck-)Fälle dazu führt, dass am Ende eine Seite mehr ausgeworfen wird – nämlich die mit dem Umweltschutzhinweis.*

c) *Was halten Sie von den Kollegen, die selbst diese Seite mit abheften?*

● ● ● ●

Warum kümmern sich einer repräsentativen Umfrage zufolge über 60 Prozent aller Deutschen in ihrer Freizeit noch um berufliche Angelegenheiten?

a) *Weil die Deutschen eben ein enorm pflichtbewusstes und fleißiges Völkchen sind.*

b) *Weil es die Deutschen bei Umfragen nicht immer so genau mit der Wahrheit nehmen.*

c) *Weil sie tagsüber im Büro durch die unzähligen privaten Telefonate und Internetrecherchen mal wieder zu nichts gekommen sind.*

In einem Betriebsrestaurant (landläufig auch »Kantine« genannt) gibt es täglich drei Gerichte. Erfahrungsgemäß enthalten 99,58 Prozent aller Speisen Geschmacksverstärker. 96,38 Prozent sind darüber hinaus frei von Vitaminen und Nährstoffen. 1,01 Prozent aller Gerichte schmecken.

a) *Ermitteln Sie die Wahrscheinlichkeit, dass eine der drei angebotenen Mahlzeiten frei von Geschmacksverstärkern ist, Vitamine und Nährstoffe enthält und zudem noch schmeckt.*

b) *Warum sehen 97,6 Prozent aller Gerichte aus wie ein undefinierbares Irgendwas mit Soße?*

c) *Was macht der Koch hauptberuflich?*

● ● ● ●

Herr F. bekommt kurz vor dem ursprünglich geplanten Feierabend von seinem Vorgesetzten vier extrem wichtige To-dos aufgetragen, die unbedingt heute noch abgearbeitet werden müssen.

a) *Warum kommen Chefs immer erst am späten Nachmittag mit ihren höchst dringlichen Anliegen um die Ecke?*

b) *Damit er wenigstens zur Tagesschau zu Hause ist, bittet Herr F. seinen Vorgesetzten, die Aufgaben entsprechend ihrer Wichtigkeit zu priorisieren. Die Prio-1-Themen wird er noch heute erledigen, die Prio-2-Themen gleich morgen früh. Wie viele Prio-2-Themen gibt es, wenn die Summe aller vergebenen Prioritäten am Ende vier beträgt?*

c) *Ermitteln Sie die Wahrscheinlichkeit, dass Herr F. zu Beginn des RTL-Nachtjournals immer noch im Büro sitzt.*

wie hoch ist der anteil ihrer kollegen denen groß und kleinschreibung sowie interpunktion im täglichen emailverkehr komplett am allerwertesten vorbei geht

a) *keine ahnung da habe ich noch nie darauf geachtet*

b) *ZWÖLF!!!!! MINDESTENS!!!!!!!*

c) *Fiel zu Hoch.*

• • • •

Sie freuen sich auf einen wohlverdienten Urlaubstag zwischendurch. Einfach mal nur ausschlafen und nichts tun!

a) *Ermitteln Sie die Dezibelzahl, mit der Sie der Presslufthammer vor Ihrer Haustür um Punkt sieben Uhr morgens aus dem Tiefschlaf reißt.*

b) *Um wie viel Uhr meldet sich der erste Kollege, weil Sie versehentlich erwähnten, dass Sie » im Notfall « zu erreichen wären?*

c) *Wie viele geschäftliche Anrufe erhalten Sie im Laufe des Tages insgesamt? Wie hoch ist der » Notfall-Anteil «?*

d) *Warum fühlen Sie sich am Abend weitaus gestresster als nach einem ganz normalen Arbeitstag?*

• • • •

23 Prozent aller Kinder wollen später einmal Pilot oder Tierärztin werden.

a) *Wie hoch ist die Wahrscheinlichkeit, dass sie fünf Jahre später auf Supertalent oder Topmodel umgeschwenkt sind?*

b) *Wie hoch ist die Wahrscheinlichkeit, dass sie zehn Jahre später eine Banklehre machen oder BWL studieren?*

c) *Wie hoch ist die Wahrscheinlichkeit, dass sie sich in den darauffolgenden 45 Jahren wiederholt wünschen, sie wären doch lieber Pilot oder Tierärztin geworden?*

Frau B. erzählt ihrer Kollegin Frau M. ein pikantes Geheimnis. Frau M. verspricht ihr hoch und heilig, es für sich zu behalten.

a) *Wie lange dauert es, bis alle 4.096 Mitarbeiter des Unternehmens das »Geheimnis« kennen, wenn Frau M. drei Minuten später zwei Kolleg/en/innen einweiht, die wiederum drei Minuten später zwei Kolleg/en/innen einweihen, die wiederum drei Minuten später zwei Kolleg/en/innen einweihen, die wiederum drei Minuten später zwei Kolleg/en/innen einweihen, die wiederum drei Minuten später ...?*

b) *Wie viele unterschiedliche Abwandlungen bilden sich im Laufe der Kommunikationskette?*

c) *Wie viele Anrufe von besorgten oder schadenfrohen Kollegen erhält Frau B. im Laufe des Tages, die ihr verschiedene kluge Ratschläge zu ihrem Problem erteilen?*

d) *Warum meldet sich Frau B. am nächsten Tag auf unbestimmte Zeit krank?*

● ● ● ●

Entgegen den Warnhinweisen seiner Freundin entscheidet sich Herr G. bei der morgendlichen Kleidungswahl für ein weißes Hemd.

a) *Wie hoch ist die Wahrscheinlichkeit, dass es am selben Tag in der Kantine ein Gericht mit Tomatensoße gibt?*

b) *Welche Farbe hat sein Hemd um 12:30 Uhr?*

● ● ● ●

[WS] Dein Chef ist traurig, weil die Firma rote Zahlen schreibt. Wie tröstest du ihn?

a) *Ich schenke ihm mein Kuscheltier.*

b) *Ich übermale die Zahlen mit einer anderen Farbe. Zum Beispiel blau.*

Von den Vorstandsvorsitzenden (CEOs) der 1.500 größten US-amerikanischen Unternehmen heißen 5,3 Prozent mit Vornamen »John« und weitere 4,5 Prozent »David«. 4,1 Prozent aller CEOs sind Frauen.

a) *In den USA leben fünf Millionen Johns, vier Millionen Davids und 160 Millionen Frauen. Erklären Sie das hieraus resultierende Ungleichgewicht in Bezug auf die Besetzung von CEO-Stellen.*

b) *Was sagt es über die Geschlechterverteilung in deutschen Unternehmen aus, wenn es in den dortigen Führungsetagen fast doppelt so viele Thomasse wie Frauen gibt?*

c) *Würde es das grundsätzliche Problem lösen, wenn bestimmte Vornamen künftig für alle Geschlechter erlaubt wären?*

• • • •

Herr U. wird neuer Chef der ZB-AG. Als erste Amtshandlung kündigt er an, die »über die Jahre aufgeblähten Hierarchien zu verschlanken« und das Unternehmen »effizient umzustrukturieren«.

a) *Wie viele Kästchen hatte das Organigramm vor der Umstrukturierung (Lösungshinweis: k < 17)?*

b) *Wie viele Kästchen hat das Organigramm nach der Umstrukturierung (Lösungshinweis: k > 31)?*

c) *Wie viele der neu geschaffenen Führungspositionen werden »zufällig« mit langjährigen Weggefährten und persönlichen Freunden von Herrn U. besetzt?*

Bad Hair Day.

a) Ich gehe zum Frisör meines Vertrauens und komme deshalb etwas später ins Büro.

b) Ich gehe ausnahmsweise mit Mütze zur Arbeit.

c) Ich melde mich bis auf Weiteres krank.

● ● ● ●

In Ihrer Abteilung arbeiten neben Ihnen noch 24 weitere Angestellte. Die Geburtstage aller Kollegen sind gleichmäßig über das Jahr verteilt. [L 35]

a) Wie oft kreist die Sammelbüchse für kollegiale Geschenke jeden Monat durch die Büroräume (zusätzliche Sammlungen für Abschiede, Hochzeiten, Geburten, Scheidungen, Kindseinschulungen, Namenstage, Dienstjubiläen etc. dürfen aus Vereinfachungsgründen vernachlässigt werden)?

b) Welchen Betrag geben Sie jährlich dafür aus, wenn Sie im Schnitt drei Euro pro Anlass beisteuern?

c) Wie sehr freuen Sie sich über den 30-Euro-Gutschein von Amazon, den Ihnen das hinterfotzige Kollegenpack an Ihrem Wiegenfest strahlend überreicht?

Derzeit gibt es in Deutschland etwa drei Millionen
Unternehmen. In jedem davon finden täglich zwei
Kreativ- und Brainstormingmeetings statt, bei denen mit
sogenannten » Metaplanwänden « gearbeitet wird. Pro
Meeting werden dabei im Schnitt sieben bunte und mit
lustigen Begriffen wie » Kernkompetenz «, » Heben von
Synergien « oder » Kundenorientierung « beschriebene
Karten an die Wände gepinnt. Jede dieser Karten ist
20 Zentimeter breit.   **[L 36]**

a) Wie viele Karten werden in Deutschlands Besprechungsräumen
   jeden Tag aufs Neue an Metaplanwände geheftet?

b) Wie viele der darauf festgehaltenen » tollen Ideen « segeln in den
   Papierkorb, ohne eines weiteren Blickes gewürdigt zu werden?

c) Angenommen, man würde alle Karten eines Monats
   (20 Arbeitstage) aneinanderreihen – wie oft würde die
   hierdurch entstehende » Straße des Schwachsinns « komplett
   um die Erde reichen (Äquatorumfang: 40.075 Kilometer)?

D3R UMG4NG M17 24HL3N 5P13L7 H3U72U74G3 1N V13L3N 83RUF3N 31N3 3X7R3M GR0553 R0LL3. W45 H4L73N 513 D4V0N?

a) KL4553! 8UCH57483N W3RD3N 1N D3R R3G3L 3H 213ML1CH U383R83W3R737.

b) G3F4377T M1R N1CH7.

c) W13 81773?? 1CH V3R573H3 G3R4D3 NUR 84HNH0F ...

• • • •

Herr W. erfährt völlig unerwartet, dass sein monatliches Gehalt mit sofortiger Wirkung um 300 Euro erhöht wird.

a) Zeichnen Sie die Motivationskurve von Herrn W. vor, während und nach dem Gespräch mit seinem Chef.

b) Eine Stunde später kommt Herrn W. zu Ohren, dass sein ihm ebenbürtiger Kollege künftig 400 Euro pro Monat mehr bekommt. Welchen Effekt hat diese Nachricht auf Herrn W.s (bis dato) gute Laune?

c) Stellen Sie das Phänomen, dass Sie erst dann glücklich mit einer Gehaltserhöhung sind, solange die Kollegen keinen Cent mehr bekommen, in einer mathematischen Funktion dar.

• • • •

20 Mitarbeiter teilen sich eine Kaffeeküche.

a) Warum stehen abends 30 benutzte Tassen auf der Arbeitsplatte, obwohl die Spülmaschine leer ist?

b) Wie groß ist die allgemeine Entrüstung, wenn am nächsten Morgen kein sauberes Geschirr mehr zur Verfügung steht?

Was zeigt das folgende Schaubild?

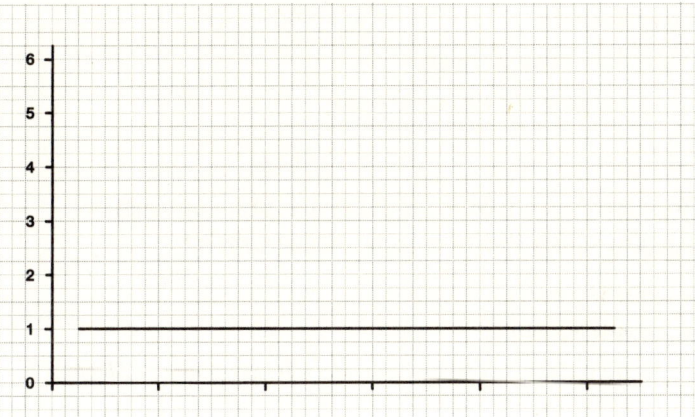

a) *Meine morgendliche Motivation von Montag bis Freitag.*

b) *Die Anzahl an Stockwerken, die ich jeden Tag mit dem Aufzug bis zu meinem Büro fahre.*

c) *Die Anzahl an » Nicht-Idioten « im gesamten Unternehmen (inklusive mir selbst) im Zeitverlauf.*

• • • •

Herr T. kommt gut erholt aus dem Urlaub zurück und findet in seinem Posteingang 726 ungelesene E-Mails vor. [L 37]

a) *Wie viele Arbeitstage benötigt er, um diesen Berg an Mails abzuarbeiten, wenn er für das Beantworten einer Nachricht im Schnitt fünf Minuten braucht (Herr T. arbeitet acht Stunden am Tag)?*

b) *Wie viele Nachrichten kommen in diesem Zeitraum hinzu, wenn pro Stunde neun neue E-Mails bei Herrn T. eintrudeln?*

c) *Weshalb ist der Erholungseffekt des Urlaubs spätestens nach dem zweiten Arbeitstag wieder vollständig verpufft?*

Womit verbringt ein Student die letzten Stunden vor der Abgabe seiner Bachelor- oder Masterarbeit?

a) Mit Panik.

b) Mit schlimmer Panik.

c) Mit ganz doll schlimmer Panik.

• • • •

Wo verbringt ein Student die ersten Stunden nach der Abgabe seiner Bachelor- oder Masterarbeit?

a) Im Bett.

b) Im Delirium.

c) Komatös in der Notaufnahme nach übermäßigem Alkoholkonsum.

• • • •

Was ist der größte Vorteil von Homeoffice?

a) Der Kaffee schmeckt besser.

b) Kein Kantinenfraß.

c) Herrlich, diese Ruhe …

• • • •

Was ist der größte Nachteil von Homeoffice?

a) Mist, Kaffeepulver ist alle.

b) Bäh, schon wieder Tiefkühlpizza!

c) Irgendwie langweilig ohne die nervigen Kollegen …

Unfassbare Statistik: In Deutschland ersticken pro Jahr mindestens 300 Menschen an Kleinteilen von Kugelschreibern.

a) *Widerlegen Sie die These » Wer schreibt, der bleibt «.*

b) *Erörtern Sie die gesundheitlichen Vorteile des papier- und schreibgerätlosen Büros.*

c) *Stift aus dem Mund!*

• • • •

Must-have oder No-Go?

a) *Jour fixe.*

b) *Kick-off.*

c) *Get-together.*

d) *Feierabend.*

• • • •

[WS] Jedes vierte Unternehmen in Deutschland versucht, mit Hilfe sogenannter Teambuilding-Seminare die Gruppendynamik und Motivation der eigenen Mitarbeiter zu steigern. Dies lassen sich entsprechende Eventagenturen gerne mal in Beträgen im höheren fünfstelligen Bereich pro Veranstaltung bezahlen. Welche ausgeklügelten tiefenpsychologischen Methoden kommen dabei zum Einsatz?

a) *Singen.*

b) *Klatschen.*

c) *Trommeln.*

Ihr Chef lädt Sie zu seinem Ausstand ein. Was werden Sie tun?

a) *Ob Sie hingehen oder nicht, machen Sie einzig und alleine davon abhängig, ob Schnittchen und/oder alkoholische Getränke gereicht werden.*

b) *Sie gehen selbstverständlich hin, um sich ordnungsgemäß von ihm zu verabschieden und Ihren herzlichen Dank für die schöne, lehrreiche und erfolgreiche Zeit auszusprechen (Achtung: Rutschgefahr durch erhöhtes Schleimaufkommen!).*

c) *Sie gehen hin, um sich mit eigenen Augen davon zu überzeugen, dass der Arsch auch wirklich die Biege macht.*

● ● ● ●

In einem Betrieb sind 120 Menschen tätig.

a) *Wie viele davon beschäftigen sich ausschließlich mit sich selbst?*

b) *Wie viele betrachten das Kundenpack lediglich als nervenden Störfaktor?*

c) *Angenommen, die gesamte Kundschaft der Firma wird durch eine tragische Naturkatastrophe auf einen Schlag ausgerottet – wie viele Jahre werden die 120 Beschäftigten unbehelligt weiterwursteln, ehe sie bemerken, dass irgendetwas anders ist?*

● ● ● ●

Wie nennt man die in Schwarz gekleideten Personen, die regelmäßig mindestens zehn Minuten zu spät zu Terminen aufkreuzen und auf dem Gang grundsätzlich keinen Gruß erwidern?

a) *Geschäftsführer.*

b) *Unternehmensberater.*

c) *Idioten.*

Woran erkennen Sie, dass Sie Ihr Büro demnächst aufräumen sollten?

a) Die Kollegen besuchen Sie – wenn überhaupt – nur noch mit Schutzanzug und Atemmaske.

b) Das hoffnungslos verdreckte Geschirr bewegt sich aus purem Überlebenswillen von alleine in Richtung Spülmaschine.

c) Der Pfandwert der Flaschen auf, unter und um Ihren Schreibtisch herum übersteigt mittlerweile den Gewinn des gesamten Unternehmens um ein Vielfaches.

● ● ● ●

Ein Topmanager verdient in Deutschland aktuell das 54-Fache des Durchschnittsgehalts eines Angestellten.

a) Wie viele Minuten müsste ein Angestellter täglich arbeiten, um auf denselben Stundenlohn wie ein Topmanager zu kommen?

b) Wie viele Wochen müsste ein Topmanager täglich arbeiten, um auf denselben Stundenlohn wie ein Angestellter zu kommen?

c) Weshalb sollten Sie also absolut kein schlechtes Gewissen haben, wenn Sie regelmäßig vor der Führungsriege das Büro verlassen?

d) Warum haben Sie es insgeheim aber trotzdem? Und was lässt sich effektiv dagegen unternehmen?

● ● ● ●

Welche für Ihre tägliche Arbeit immens wichtigen Informationen greifen deutsche Angestellte am häufigsten aus ihrem jeweiligen Firmen-Intranet ab?

a) Den Kantinen-Speiseplan der aktuellen Woche.

b) Den Kantinen-Speiseplan der nächsten Woche.

c) Den privaten Kleinanzeigenmarkt.

Politik und
Zeitgeschehen

Einer aktuellen Umfrage zufolge glauben zwei von drei Deutschen, dass sechs von zehn Deutschen mehr sind als drei von fünf Deutschen. Was halten Sie davon?

a) Absolut!

b) Da bin ich mir relativ unsicher.

c) Zweieinhalb von drei » aktuellen Umfragen « sind pure Zeit- und Geldverschwendung!

• • • •

Auf einem Großflughafen, der im Jahr 2012 in Betrieb gehen soll, werden kurz vor der geplanten Eröffnung 85.000 Baumängel entdeckt. Pro Jahr können 20 Prozent der jeweils zu Anfang des Jahres bestehenden Baumängel beseitigt werden, wobei ein Drittel der vermeintlichen Mängelbeseitigungen wiederum zu neuen Baumängeln führt. **[L 38]**

a) Bis wann wird der Flughafen vollständig mängelfrei sein (es darf hierbei auf volle Mängel gerundet werden)?

b) Wie beurteilen Sie die Möglichkeit, dass das Flugzeug als Verkehrsmittel dank der zwischenzeitlichen Erfindung des Beamens bis dahin komplett von der Bildfläche verschwunden sein könnte?

Die Staatsverschuldung Griechenlands betrug im Jahr 2015 rund 318 Milliarden Euro.

   a) *Was macht das in Drachmen?*

   b) *Wie viele Nullen haben 318 Milliarden?*

   c) *Wie viele Nullen in der Regierung sind vonnöten, um einen Staat derart zu überschulden?*

• • • •

Alexis nimmt sich 20 Euro aus der Klassenkasse und haut sie auf den Kopf. Kurze Zeit später fordert ihn der Klassenlehrer Wolfgang auf, das Geld schnellstmöglich zurückzuzahlen. Da Alexis aber schon wieder pleite ist, leiht er sich 20 Euro von seinen Klassenkameraden Christine und Mario und verspricht ihnen, seine Rückstände innerhalb einer Woche zu begleichen. Sieben Tage später entwendet er deshalb weitere 20 Euro aus der Klassenkasse.

   a) *Halten Sie es für gerechtfertigt, das vertrauliche Prinzip der Klassenkasse aufgrund eines einzigen Quertreibers komplett in Frage zu stellen?*

   b) *Finden Sie es okay, Alexis nach wie vor im Klassenverband zu halten?*

   c) *[WS] Bastle einen Rettungspakt und mache einen Schulden-schnitt (Achtung: Verletzungsgefahr!).*

Ergänzen Sie folgenden historischen Satz:

»Niemand hat die Absicht, …

a) *… eine Mauer zu errichten.*«

b) *… den Solidaritätszuschlag über das Jahr 1999 hinweg zu erheben.*«

c) *… die Wahrheit zu sagen.*«

●　●　●　●

»Jeder Bürger soll seine Einkommensteuer auf einem Bierdeckel ausrechnen können.«

a) *Friedrich Merz.*

b) *April, April!*

●　●　●　●

In Australien wüten verheerende Waldbrände. Laut *Tagesschau* **entspricht das betroffene Gebiet »ungefähr der doppelten Größe des Saarlands«.**　**[L 39]**

a) *Wie groß ist das Saarland?*

b) *Wie groß ist die doppelte Größe des Saarlands?*

c) *Haben Sie die Antwort etwa gerade gegoogelt, weil Sie (wie schätzungsweise 60 Millionen anderer Bundesbürger auch) keinen blassen Schimmer haben, wo das Saarland überhaupt liegt?*

d) *Weshalb muss es in den Nachrichten dennoch regelmäßig als Vergleichsmaß für Waldbrände, Ölteppiche, Erdbeben, Vulkanausbrüche, der Erde bedrohlich nahe kommende Kometen oder sonstige Naturkatastrophen herhalten?*

Die Bundeswehr besitzt 109 Kampfflugzeuge vom Typ Eurofighter. 70,64 Prozent davon erhalten aufgrund eines Herstellungsfehlers keine Betriebsgenehmigung; weitere 22,02 Prozent sind kaputt und können aufgrund fehlender Ersatzteile derzeit nicht repariert werden.

a) *Wie viele Eurofighter sind aktuell einsatzbereit?*

b) *Was machen die Piloten derweil?*

c) *Aus dem Wort » desolat « lässt sich durch eine Umstellung der Buchstaben der Begriff » Soldat « bilden. Welcher Buchstabe bleibt übrig?*

d) *Vergleichen Sie das Ergebnis aus c) mit dem Anfangsbuchstaben der Typbezeichnung der Kampfflugzeuge, und interpretieren Sie das Ergebnis.*

• • • •

Berlin um 7:15 Uhr.

a) *Wie viele schwäbische Migranten erwachen in der Stadt?*

b) *Warum behaupten sie beim Bäcker steif und fest, die Schrippen heißen » Weckle «?*

c) *Nennen Sie drei Gründe, weshalb Schwaben bei den Berlinern ungefähr so beliebt sind wie ein Kehrwochenschild an der eigenen Wohnungstür.*

**Nach einem schlimmen Verbrechen werden
Nachbarn, Kollegen, weitläufige Bekannte,
ehemalige Grundschullehrer sowie die angestammte
Fleischereifachverkäuferin des Täters von Presse, Funk und
Fernsehen zu dessen Person befragt.**

a) *Wie viele von ihnen beschreiben den Täter als nett, ruhig, unauf-
fällig, zuvorkommend und völlig normal?*

b) *Wie viele bezeichnen ihn als ausgemachtes Arschloch?*

c) *Wie beurteilen Sie vor diesem Hintergrund die These, dass Arsch-
löcher womöglich doch die besseren Menschen sind?*

● ● ● ●

**In Deutschland werden täglich rund zwanzig
Millionen Telefongespräche durch die NSA und andere
Geheimdienste abgefangen. Welchen Satz bekommen sie
dabei am häufigsten zu hören?**

a) *Ja, Mutti.*

b) *Ich dich auch!*

c) *Ach, übrigens: Wir planen am kommenden Samstag um
14:30 Uhr einen kleinen Terroranschlag am Potsdamer Platz.
Hast du zufällig Zeit und eine funktionsfähige Bombe im Keller?*

Bis zum Jahr 2030 wird die arbeitende Bevölkerung von rund 43 Millionen (Stand heute) auf etwa 39 Millionen zurückgehen. Um den jetzigen Standard zu halten, benötigen wir jedoch 46 Millionen Arbeitnehmer.

a) *Finden Sie das Problem.*

b) *Suchen Sie eine Lösung.*

c) *Wie beurteilen Sie die Weitsicht derjenigen, die behaupten, wir hätten bereits heute schon genug Zuwanderer im Land?*

● ● ● ●

Ein Investmentbanker bekommt das zehnfache Gehalt eines Altenpflegers.

a) *Bewerten Sie den gesellschaftlichen Nutzen eines Investment-bankers.*

b) *Bewerten Sie den gesellschaftlichen Nutzen eines Altenpflegers.*

c) *Warum bekommt in unserer Gesellschaft nicht jeder das, was er verdient?*

● ● ● ●

Herr Hoeneß hat 27 Millionen Euro an Steuern hinterzogen.   **[L 40]**

a) *Wie hoch sind die Gewinne, die er mal eben so aus seiner Spielkasse am Fiskus vorbeigeschleust hat, wenn der Spitzen-steuersatz 45 Prozent und der Solidaritätszuschlag 5,5 Prozent der Steuerlast beträgt?*

b) *Wie lange müsste der unbescholtene FC-Bayern-Fan Alois P. aus München-Perlach für diese unglaubliche Summe arbeiten, wenn sein jährlicher Bruttolohn 40.000 Euro beträgt?*

c) *Wieso mag Alois P. Herrn Hoeneß immer noch?*

Tagesschau.

a) *Irgendwo Krieg.*

b) *Politik.*

c) *Irgendwas mit Wladimir Putin.*

d) *Irgendeine andere Katastrophe.*

e) *Sport und Lottozahlen.*

f) *Wetter.*

• • • •

RTL II News.

a) *Irgendein Promi hat geheiratet.*

b) *Werbung.*

c) *Irgendein Promi bekommt ein Baby.*

d) *Werbung.*

e) *Irgendein Promi lässt sich scheiden.*

f) *Werbung.*

g) *Wladimir Putin reitet nackt durch die Tundra.*

h) *Wetter.*

• • • •

Tagesschau vs. RTL II News.

a) *Ermitteln Sie den kleinsten gemeinsamen Nenner.*

b) *Bestimmen Sie den größten gemeinsamen Penner.*

• • • •

[WS] Wie lange dauerte der Dreißigjährige Krieg?

a) *Fünf Tage oder so.*

b) *29 Jahre und 17 Monate.*

c) *Achtzehn Meter.*

Bei einer » Wahl « liegt die Wahlbeteiligung bei 99 Prozent. Die stärkste Partei (Partei A) bekommt 100 Prozent aller abgegebenen Stimmen.

a) *Weshalb sind die Gründer von Partei B bereits seit etlichen Jahren nicht mehr in Freiheit gesichtet worden?*

b) *Berechnen Sie die noch verbleibende Lebenserwartung der Nichtwähler.*

c) *Erörtern Sie, weshalb richtige Demokratie eigentlich eine ziemlich feine Sache ist.*

● ● ● ●

Bei einer Wahl liegt die Wahlbeteiligung bei 48 Prozent. Die stärkste Partei (Partei A) bekommt 45 Prozent aller abgegebenen Stimmen, die zweitstärkste (Partei B) 21 Prozent. [L 41]

a) *Mit welchem Recht meckern 90 Prozent aller Nichtwähler am Ende über den Wahlausgang?*

b) *Wie wäre die Wahl ausgegangen, wenn alle mit dem Ergebnis unzufriedenen Nichtwähler Partei B gewählt hätten?*

c) *Widerlegen Sie die Aussage » Meine Stimme bringt doch eh nix «.*

● ● ● ●

[WS] Ein gewaltbereiter Demonstrant bewegt sich mit einer Beschleunigung von 4,6 m/s² auf einen wenige Meter entfernt stehenden Polizisten zu (V_0(Polizist) = 0 m/s). Bei dem auftretenden unelastischen Stoß werden 90 Prozent der kinetischen Energie in Verformungsarbeit umgesetzt.

a) *Zeichnen Sie die Protagonisten, und geben Sie ihnen hübsche Namen.*

b) *Tanzen Sie die Gefühle der beiden vor, während und nach dem Aufprall.*

Medien, Kunst und Kultur

Frau S. hat im vergangenen Jahr 80 englische Krimis mit einem durchschnittlichen Umfang von 250 Seiten gelesen.

a) *Gibt es nach Addieren aller Todesopfer noch menschliches Leben in Großbritannien?*

b) *Wie hoch kann man die Romane stapeln, bevor der Bücherturm einstürzt?*

c) *Wie oft bellte im Laufe der 20.000 Seiten irgendwo ein Hund?*

• • • •

Ein Maler hat sein neuestes Werk fertiggestellt. Es zeigt ein rechtwinkliges Dreieck, bei dem einer der spitzen Winkel um 24° größer ist als das Doppelte des anderen spitzen Winkels.

a) *Ermitteln Sie den Wert des Bildes, wenn es sich beim Künstler um den bislang gänzlich unbekannten Hobby-Maler Ronnie F. aus E. handelt.*

b) *Ermitteln Sie den Wert des Bildes, wenn es von Gerhard Richter gemalt worden wäre.*

c) *Wieso heißt das Werk nicht » Grünes Dreieck auf weißer Leinwand «, sondern » Blumenwiese III «?*

• • • •

Herr M. besitzt 20 Musik-CDs.   [L 42]

a) *Auf wie viele unterschiedliche Arten lassen sich diese in seinem CD-Regal anordnen?*

b) *Was ist ein » CD-Regal «?*

c) *Wie hoch ist die Staubschicht auf den CDs, wenn Herr M. seit vier Jahren ausschließlich mp3s konsumiert und sich pro Woche 0,07 Millimeter Staub in seiner Wohnung ansammeln?*

Cindy-Lou wurde Vierte bei » GNTM «, Roger belegte den zweiten Platz bei » DSDS «, und Britta spielt eine unbedeutende Nebenrolle in » GZSZ «.

a) *Wie hoch ist die Wahrscheinlichkeit, dass sich die drei eines Tages im australischen Dschungel begegnen?*

b) *Ab welchem (negativen) Kontostand essen Menschen Känguruhoden?*

c) *Wie ist es zu erklären, dass » Ich bin ein Star, holt mich hier raus « (» IBESHMHR «) regelmäßig Einschaltquoten im hohen einstelligen Millionenbereich hat, obwohl es angeblich kein Mensch anschaut?*

● ● ● ●

42.

a) *Wie lautet die Frage?*

b) *Wo ist mein Handtuch?*

● ● ● ●

Ein Kunde betritt eine Buchhandlung.

a) *Nach wie vielen Minuten planlosen Umherirrens gesteht er dem Buchhändler, dass er ein Buch sucht?*

b) *Was sollte er auch sonst suchen?*

c) *Was könnte der Kunde mit » Iphigenie im Taunus « meinen?*

d) *Gibt's das nur als Taschenbuch oder auch als Hardcore-Ausgabe?*

Bei einem renommierten europäischen Musikwettbewerb findet die Punktevergabe statt.

a) *Wie hoch ist die Wahrscheinlichkeit, dass Deutschland von Österreich bestenfalls einen Gnadenpunkt bekommt?*

b) *Wie hoch ist die Wahrscheinlichkeit, dass Griechenland von Zypern die Höchstwertung (12 Punkte) erhält?*

c) *Warum schieben sich die osteuropäischen Länder die zwölf Punkte ausschließlich gegenseitig zu?*

d) *Spielen bei der Wertung tatsächlich nur musikalische Aspekte eine Rolle?*

● ● ● ●

AC/DC.

a) *Ermitteln Sie die Anzahl an verwendeten Akkorden (Lösungshinweis: x < 4).*

b) *Wie viele vollständige Alben hat die Band bislang damit gefüllt (Lösungshinweis: y > 15)?*

c) *Was verdient die Band pro Jahr und Akkord, wenn sie im Schnitt 40 Millionen Euro per annum einnimmt?*

● ● ● ●

Atemlos …

a) *… ich muss groß.*

b) *… um halb acht.*

c) *… durch die Nacht.*

Für wen entscheidet sich der schnoddrige Schweinebauer Schorsch in der RTL-Doku-Soap » Bauer sucht Frau «?

a) *Für die anthroposophische Anästhesieassistentin Anastasia.*

b) *Für die bonfortionöse Botschafterin Bogdana.*

c) *Für die chilenische Chemielaborantin Chiara.*

d) *Für die Doofe mit den dicken Dingern.*

● ● ● ●

Herr T. geht ins Kino. Der Film beginnt laut Aushang um 20:15 Uhr. Vorab kauft er sich eine große Popcorntüte zum Preis von 5,20 Euro. [L 43]

a) *Wann beginnt der Film tatsächlich, wenn die Werbung 0,55 Stunden dauert und der Eisverkäufer im Anschluss weitere sieben Minuten gemütlich durch die Gänge wackelt?*

b) *Wie wirkt es sich auf das cineastische Vergnügen von Herrn T. aus, wenn die Labertasche neben ihm jede noch so kleine Diskrepanz zwischen Film und Buchvorlage kritisch kommentiert?*

c) *Um wie viele Euro wurde er beschissen, wenn der Inhalt seiner Popcorntüte zu 15 Prozent aus ungepoppten Maiskörnern besteht (Folgekosten durch anschließende Zahnarztbesuche können aus Vereinfachungsgründen vernachlässigt werden)?*

● ● ● ●

Ein Junggeselle hat 16 Rosen.

a) *Wie verteilt er die Rosen auf 22 Frauen?*

b) *Wie viele davon zicken anschließend beleidigt herum?*

c) *Weshalb schauen vier Millionen Deutsche aus freien Stücken dabei zu?*

Wer denkt sich die schwachsinnigen Eröffnungsfragen bei » Wer wird Millionär? « aus?

a) *Geriffte Amateure.*

b) *Umschiffte Hasardeure.*

c) *Versiffte Spediteure.*

d) *Bekiffte Redakteure.*

• • • •

Das Verhältnis Zwerg zu Traumprinz beträgt laut den Gebrüdern Grimm 7:1.

a) *Wieso sind 80 Prozent aller Grundschülerinnen der festen Über-zeugung, Mathe macht depressiv?*

b) *Warum sind 80 Prozent aller Grundschüler der festen Überzeu-gung, Mädchen sind affektiert und arrogant?*

c) *Wer ist die Schönste im ganzen Land?*

• • • •

Herr von Ribbeck auf Ribbeck im Havelland, ein Birnbaum in seinem Garten stand. Wem gehört das Obst nach seinem Ableben?

a) *» Der neue freilich, der knausert und spart,*
   hält Birnbaum und Fallobst strenge verwahrt. «
   (Theodor Fontane)

b) *» Früchte, die von einem Baume oder einem Strauche auf ein Nachbargrundstück hinüberfallen, gelten als Früchte dieses Grundstücks. Diese Vorschrift findet keine Anwendung, wenn das Nachbargrundstück dem öffentlichen Gebrauch dient. «*
   (§911 BGB – » Überfall «)

Geschätztes Privatvermögen: 25 Millionen Euro.

Gefühlter kumulierter IQ: 120.

Maximale Körbchengröße: 100H.

a) *Die Jury von DSDS.*

b) *Die Kandidaten von » Let's Dance «.*

c) *Die Geissens.*

●   ●   ●   ●

Wie heißt die international renommierte Preisverleihung, bei der jeder gewinnt, der gerade Zeit hat und zufällig in Deutschland verweilt (unabhängig davon, ob er (oder sie) in den vergangenen fünf Jahren irgendetwas Produktives geleistet hat)?

a) *Bambi.*

b) *Echo.*

c) *Goldene Kamera.*

●   ●   ●   ●

Welcher international renommierte Topstar moderiert die international renommierte Preisverleihung, bei der jeder gewinnt, der gerade Zeit hat und zufällig in Deutschland verweilt (unabhängig davon, ob er (oder sie) in den vergangenen fünf Jahren irgendetwas Produktives geleistet hat)?

a) *Barbara Schöneberger.*

b) *Barbara Schöneberger.*

c) *Thomas Gottschalk.*

[WS] Diese Textaufgabe ist in Deutschland leider nicht verfügbar, da sie Musik enthalten könnte, über deren Verwendung wir uns mit der GEMA nicht einigen konnten.

a) *Singe ein Lied.*

b) *Stelle das Video auf YouTube.*

• • • •

Eine in die Jahre gekommene ehemals erfolgreiche Band begibt sich vor ihrer Auflösung auf eine groß angelegte Abschiedstournee.

a) *Ermitteln Sie die Wahrscheinlichkeit, dass die Band zwei Jahre später ein neues Album veröffentlicht, um anschließend ihre » endgültige Abschiedstour « anzukündigen.*

b) *Siehe a).*

c) *Siehe b).*

d) *Wie viele Abschiede hat die Band zehn Jahre später hinter sich?*

• • • •

Als ältestes bekanntes Säugetier der Welt galt bislang ein Grönlandwal, der bei seinem Ableben angeblich 211 Jahre alt gewesen sein soll. [L 44]

a) *Ermitteln Sie das kumulierte Alter der Rolling Stones.*

b) *Vergleichen Sie das Ergebnis mit dem eingangs erwähnten Säugetier.*

c) *Welche Fakten sprechen dafür, dass es sich bei Keith Richards wohl doch eher um ein prähistorisches Reptil handeln könnte?*

Das Buch eines bis dato bestenfalls in Fachkreisen bekannten Autors wird überraschend mit einem anerkannten Literaturpreis ausgezeichnet.

a) *Ermitteln Sie die Wahrscheinlichkeit, dass plötzlich jeder das besagte Buch kauft.*

b) *Ermitteln Sie die Wahrscheinlichkeit, dass es außer den Literaturkritikern jemand versteht.*

c) *Ermitteln Sie die Wahrscheinlichkeit, dass es dennoch prominent im Bücherregal platziert wird – um vor etwaigen Besuchern ordentlich anzugeben.*

● ● ● ●

Statistisch gesehen gilt Schweden mit einer Mordquote von jährlich 0,0007 Prozent als sicherstes Land in der gesamten EU. [L 45]

a) *Wie viele Morde werden also laut Statistik jährlich in Schweden (ca. 9,6 Millionen Einwohner) verübt?*

b) *Wie viele Morde werden laut Henning Mankell, Stieg Larsson, Liza Marklund, Arne Dahl, Leif G. W. Persson, Håkan Nesser etc. jährlich in Schweden verübt?*

c) *Wer lügt?*

● ● ● ●

Statistisch gesehen gilt Honduras mit einer jährlichen Mordquote von 0,09 Prozent als gefährlichstes Land der Welt.

a) *Wie viele Morde werden pro Jahr in Honduras (ca. 8 Millionen Einwohner) verübt?*

b) *Weshalb gibt es gefühlte tausend Schweden-, aber so gut wie keine Honduraskrimis?*

Weshalb haben Menschen vor 20 Jahren hauptsächlich Rock- und Popkonzerte besucht?

a) Um Spaß zu haben.

b) Um Musik zu hören und zu tanzen.

c) Um ihren Lieblingskünstlern möglichst nahe zu sein.

• • • •

Weshalb besuchen Menschen heute vorwiegend Rock- und Popkonzerte?

a) Um ihren Freunden via Facebook und Instagram mitzuteilen, dass sie gerade auf einem Konzert sind.

b) Um das komplette Geschehen durch ein 5-Zoll-Handydisplay mitzuverfolgen.

c) Um den restlichen Besuchern mit ihren hochgestreckten Smartphones maximal auf den Sack zu gehen.

• • • •

Die »Herr der Ringe«-Trilogie beinhaltet 1.700 Seiten. Die Verfilmung von Peter Jackson hat in der Kinofassung eine Gesamtlänge von 558 Minuten. »Der kleine Hobbit« umfasst 300 Seiten. Die Verfilmung von Peter Jackson dauert exakt 468 Minuten. [L 46]

a) Wie viele Seiten werden in der »Herr der Ringe«-Trilogie pro Filmminute abgehandelt?

b) Wie viele Seiten werden in der »Hobbit«-Trilogie je Filmminute verarbeitet?

c) Wie lange wäre die »Herr der Ringe«-Trilogie geworden, wenn Peter Jackson das Tempo von Teilaufgabe b) an den Tag gelegt hätte?

d) Wer hätte sich das freiwillig angetan?

Bleiben Sie dran! Nach nur EINEM Spot geht's weiter.

a) _____ repariert, _____ tauscht aus.

b) Der _____ mit der Ecke.

c) Finde den billigsten ___.

d) Nachts weniger _____ _____.

e) Gefunden auf _____.de.

f) Abgenickt von _____.

g) Das beste _____ aller Zeiten.

h) _____ – lecker lecker lecker lecker.

• • • •

Schauen Sie zu viel Werbung?

a) Ich bin doch nicht blöd!

b) Yippiejaja-yippie-yippie-yeah!

• • • •

Wann ist ein Mann ein Mann?

a) Wenn er einen Penis hat.

b) Wenn er ein Kind gezeugt, ein Haus gebaut und einen Baum gepflanzt hat.

c) Wenn er die Texte von Herbert Grönemeyer versteht.

Die Beine von Mariah Carey sind mit einer Versicherungssumme von einer Milliarde Dollar versichert, der Hintern von Jennifer Lopez mit 300 Millionen.   [L 47]

a) Mit welchem Körperteil singt Mariah Carey, mit welchem Jennifer Lopez?

b) Wie viele J.Lo-Pos ergeben ein Carey-Bein?

c) Welche Schadenssumme entsteht beim teuersten Arschtritt der Welt?

• • • •

Welche drei Begriffe lösen in Ihnen ähnliche Begeisterungsstürme aus wie die Erwähnung der Abkürzung » GEZ «?

a) Musi, Kanten, Stadl.

b) Karies, Zahnstein, Parodontose.

c) Plasberg, Beckmann, Will.

• • • •

Warum finden Männer » Fifty Shades of Grey « eher nicht so gut?

a) Weil sie beim Kauf von XXL-Packungen Kabelbinder und Klebeband im Baumarkt plötzlich schräg von der Seite angeschaut werden.

b) Weil sie im direkten Vergleich mit Christian Grey sowohl optisch als auch finanziell den Kürzeren ziehen.

c) Apropos » Kürzeren « ...

Was mögen Männer an » Fifty Shades of Grey «?

a) Ihre Frauen sind für längere Zeit mit Lesen oder Kinobesuchen abgelenkt.

b) Ihre Frauen wollen Sex.

c) Endlich kommt der Kabelbinder weg.

● ● ● ●

Nennen Sie die zwei bekanntesten Lieder von Led Zeppelin.

a) Stairway to Heaven.

b) Es gibt noch ein anderes?

● ● ● ●

Nennen Sie fünf zwingend notwendige Textfragmente eines ausgewachsenen Sommer(s)hits.

a) Uh-uh.

b) Ah-Ah.

c) La-la.

d) Irgendwas mit » Baby «.

e) Corazón.

Welche Klassiker der Weltliteratur sollte man unbedingt gelesen haben?

a) Schuld und Sühne.

b) Stolz und Vorurteil.

c) Krieg und Frieden.

d) Romeo und Julia.

• • • •

Welche Klassiker der Weltliteratur hat man tatsächlich gelesen?

a) Fix und Foxi.

b) Tim und Struppi.

c) Asterix und Obelix.

d) Bella und Edward.

• • • •

Wo liegt das kulturelle Zentrum Deutschlands?

a) In Berlin.

b) In München.

c) In Leipzig.

d) Wackeeeeeeeeeeeeeeeeen.

Das » Wacken Open Air Festival « wird jährlich von 85.000 Zuschauern besucht. Dies entspricht dem 47-Fachen der Einwohnerzahl des namensgebenden Veranstaltungsortes.
[L 48]

a) *Wie viele Einwohner hat Wacken?*

b) *Wie viele Einwohner hat, sagen wir mal, Peking?*

c) *Welcher Anteil der Weltbevölkerung wäre zu erwarten, wenn ein vergleichbares Festival in der chinesischen Hauptstadt stattfinden würde?*

• • • •

Ein Dichter hat ein Gedicht geschrieben.

a) *Was hat sich der Dichter dabei gedacht?*

b) *Was denkt der durchschnittliche Leser, was sich der Dichter dabei gedacht hat?*

c) *Was denken Deutschlehrer, was sich der Dichter dabei gedacht hat?*

d) *Warum gibt es so gut wie keine Schnittmenge?*

• • • •

Seit wann feiert man Weihnachten?

a) *Seit der Geburt Christi.*

b) *Seit der Gründung von Amazon.*

c) *Seit Wham! » Last Christmas « rausgehauen hat.*

Ergänzen Sie die folgende Liedzeile: Alle Jahre wieder ...

a) ... *kommt das Christuskind.*

b) ... *ist so kalt der Winter.*

c) ... *der gleiche Scheiß.*

d) ... *I gave you my heart.*

• • • •

Wie heißen die Heiligen Drei Könige mit Vornamen?

a) *Caspar, Melchior und Balthasar.*

b) *Gold, Weihrauch und Minze.*

c) *John, Paul, George und Ringo.*

d) *George und Andrew.*

• • • •

Theater.

a) *Ich gehe regelmäßig hin.*

b) *Kenn ich aus'm Fernseher!*

c) *Hab ich zu Hause schon genug.*

• • • •

[WS] Was macht blaues Licht?

a) *Es leuchtet blau.*

b) *Es hat eine Wassermelone getragen.*

c) *Stallone war mir immer schon zu intellektuell.*

Technik

Die PIN eines Mobiltelefons besteht aus vier Ziffern zwischen Null und Neun.

a) *Wie hoch ist die Wahrscheinlichkeit, innerhalb der erlaubten drei Versuche die richtige PIN zu treffen, wenn man keinen blassen Dunst mehr hat, wie sie lauten könnte?*

b) *Wo ist der dämliche Brief mit der PUK, wenn man ihn tatsächlich einmal braucht?*

• • • •

Susi, Laura und Chantalle haben zusammen 3.173 Facebook-Freunde. Susi hat 93 Freunde mehr als Laura; Chantalle mit 1.710 die meisten von den dreien.

a) *Wie viele Katzen-, Hasen- und Hundebilder bzw. -videos müssen Susi, Laura und Chantalle täglich über sich ergehen lassen?*

b) *Wer hat das Profilbild mit dem tiefsten Dekolleté?*

• • • •

Weshalb fotografieren Susi, Laura und Chantalle (neben abertausend anderen Usern) vor dem Verzehr regelmäßig ihre Mahlzeiten, um die entsprechenden Bilder anschließend in sämtlichen sozialen Netzwerken zu posten?

a) *Sie wollen damit sagen: » Ich kann besser kochen als du! «*

b) *Sie wollen damit sagen: » Ich esse in besseren Restaurants als du! «*

c) *Sie wollen damit sagen: » Ich bin so unendlich geil, habe die perfekte Figur und kann trotzdem essen, was ich will! «*

d) *Sie haben sonst nichts zu sagen.*

**Gemäß dem sogenannten »Moore'schen Gesetz«
verdopelt sich die Leistung von Computer-Prozessoren alle
zwei Jahre, während die Intelligenz der Menschheit – so
der Entwicklungsbiologe Gerald Crabtree von der Stamfurt
Universität in Kalifornien – sukzessive abnimmt.**

a) *Wie viele Telefonnummern konnten Sie auswendig, bevor Sie Ihr
erstes Handy hatten, wie viele heute?*

b) *Erinnern Sie sich noch an die Zeit vor Google?*

c) *Wie ist es dennoch möglich, dass immer dümmere Menschen
immer leistungsfähigere Rechner bauen?*

•   •   •   •

**Eine 0,7-Liter-Flasche Champagner kostet 80 Euro,
eine Patrone für den Tintenstrahldrucker (20 Milliliter)
20 Euro.** [L 49]

a) *Wie teuer ist ein Liter Champagner?*

b) *Wie teuer ist ein Liter Tinte?*

c) *Erläutern Sie den Begriff »Abzocke«.*

•   •   •   •

**Ein USB-Stick lässt sich auf zwei unterschiedliche Weisen
in den zugehörigen Slot stecken, wobei nur eine der beiden
Möglichkeiten zum gewünschten Erfolg führt.**

a) *Berechnen Sie die theoretische Wahrscheinlichkeit, dass der Stick
gleich beim ersten Versuch reibungslos in den Anschluss gleitet.*

b) *Ermitteln Sie – unter Berücksichtigung Ihrer bisherigen Erfahrungen auf diesem Gebiet – die praktische Wahrscheinlichkeit, dass
der Stick tatsächlich gleich beim ersten Versuch richtig herum
gehalten wird.*

c) *Erklären Sie die unterschiedlichen Ergebnisse aus a) und b) unter
Miteinbeziehung des »Murphy'schen Gesetzes«.*

**Herr Z. kommt nicht mehr ins Internet. Aus diesem Grund
wendet er sich vertrauensvoll an seinen DSL-Anbieter.
Dessen Hotline ist unter einer 01805-Nummer zu erreichen
und wird mit 14 Cent je angefangener Minute abgerechnet.**

a) *Wie fühlt sich Herr Z., als er zu Beginn des » Gesprächs « von
einer fiepsigen Frauenstimme darauf hingewiesen wird, dass
er sein Anliegen auch total bequem im Online-Kundencenter
platzieren kann?*

b) *Wie fühlt sich Herr Z., als er – nach Eingabe der Ziffernfolge
1 (» Fragen zum laufenden Vertrag «), 2 (» Produktbereich
DSL «), 4 (» Weitere Anliegen «), 2 (» technischer Support «),
1 (» Verbindung mit einem echten Menschen «) sowie seiner
zwölfstelligen Kundennummer – erfährt, dass der nächste freie
Mitarbeiter für ihn reserviert ist?*

c) *Wie fühlt sich Herr Z., als ihm nach zwanzigminütiger Musik-
berieselung (monophoner, nervtötender Free Jazz) mitgeteilt
wird, dass sein Anruf aufgrund der hohen Anzahl telefonischer
Anfragen derzeit leider nicht persönlich entgegengenommen
werden, er sein Anliegen aber auch total bequem im Online-
Kundencenter platzieren kann?*

d) *Stellen Sie den Verlauf der Gemütslage von Herrn Z. während
des » Telefonats « in einem möglichst aussagekräftigen Schaubild
dar.*

•   •   •   •

Musikkassette und Bleistift.

a) *Was ist eine » Musikkassette « ?*

b) *Was ist ein » Bleistift « ?*

c) *Erklären Sie den Zusammenhang.*

92 Prozent aller Deutschen nennen derzeit mindestens ein Smartphone oder Handy ihr Eigen.

a) *Weshalb rufen Mütter immer auf dem Festnetz an, um sich nach dem Wohlergehen ihrer » Sprösslinge « zu erkundigen (und bei dieser Gelegenheit kritisch anzumerken, dass diese ja so gut wie nie zu erreichen sind)?*

b) *Erklären Sie, weshalb Mütter-Telefonate grundsätzlich über eine halbe Stunde dauern – auch wenn seit dem letzten Anruf vor zwei Tagen nichts Berichtenswertes passiert ist.*

c) *Ermitteln Sie den Anteil der Deutschen, die ausschließlich ihren Erzeugern zuliebe überhaupt noch einen Festnetzanschluss besitzen.*

● ● ● ●

Erna M. (76) kauft sich einen Computer.

a) *Wie lange dauert es, bis sie versehentlich das Internetz löscht?*

b) *Wie kommt der Browser in den Papierkorb, obwohl sie angeblich » gar nichts gemacht « hat?*

● ● ● ●

Ein Techniker der Telekom soll kommenden Mittwoch zwischen 8 und 17 Uhr Ihren Anschluss freischalten.

a) *Berechnen Sie die Wahrscheinlichkeit, am kommenden Mittwoch einem Techniker der Telekom zu begegnen.*

b) *Berechnen Sie die Wahrscheinlichkeit, am kommenden Mittwoch dem Yeti zu begegnen.*

c) *Gibt es Telekom-Techniker überhaupt?*

Ungelöste Fragen der Moderne.

a) *Wieso haben IT-Girls keine Ahnung von Computern?*

b) *Wie viel Bit sind ein Promille?*

c) *Wo befindet sich die »Any Key«-Taste?*

●　●　●　●

**Herr V. findet beim Entrümpeln seiner Technikkiste
sieben Ladekabel von bereits seit Urzeiten ausgemusterten
Handys.**

a) *Wie hoch ist die Wahrscheinlichkeit, dass er sein Android-Smartphone jemals wieder gegen ein anachronistisches Handy-Modell
aus den frühen Nuller-Jahren eintauschen wird?*

b) *Weshalb hat er die Dinger dennoch jahrelang aufgehoben?*

c) *Herr V. gibt sich einen Ruck und entsorgt die antiken Stecker bei
der kommunalen Sammelstelle für Elektroschrott. Wie viele Tage
später wird er von seiner Großmutter darauf angesprochen,
ob er zufällig noch irgendwo ein Ladekabel für ihr Nokia 5110
herumfahren habe?*

●　●　●　●

LOL.

a) *ROFL.*

b) *OMG!*

c) *WTF?*

d) *HAHA!*

Ein Toaster besitzt einen Regler mit sieben unterschiedlichen Heizstufen. Das Toastergebnis je Stufe entnehmen Sie dem folgenden Schaubild.

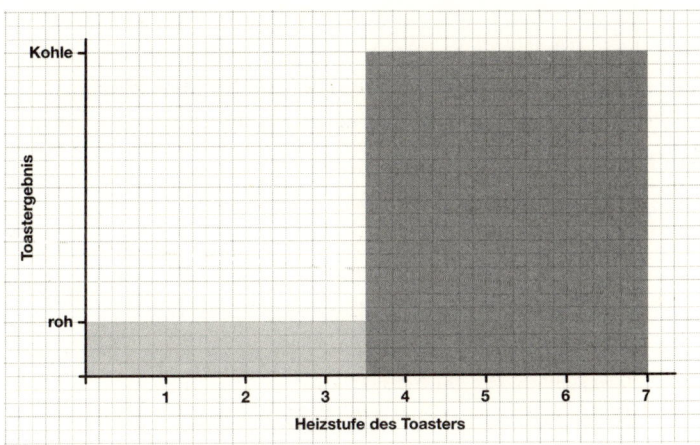

a) *Bestimmen Sie die optimale Heizstufe.*

b) *Weshalb schaffen es Techniker und Ingenieure, Menschen erfolgreich ins Weltall zu befördern, wohingegen sie bei vergleichsweise einfachen Aufgaben – wie der Entwicklung vernünftiger Toaster – kläglich scheitern?*

c) *Wieso pilgern jeden Samstagmorgen Abermillionen Deutsche zum nächstgelegenen Bäcker, obwohl sie einen Toaster besitzen?*

Sie haben Post:

» Hallo Gast Visa Europe,
**Ihre Kreditkarte wurde ausgesetzt, weil wir ein Problem
festgestellt, auf Ihren Konto. Wir haben zu bestimmen,
dass jemand Ihre Karte ohne Ihre Erlaubnis verwendet
zu haben. Für Ihren Schutz haben wir Ihre Kreditkarte
aufgehangen. Um diese Suspension aufzuheben Klicken
Sie HIER und folgen Sie den Staat zur Aktualisierung der
Informationen in Ihrer Kreditkarte.** «

Wie reagieren Sie?

> a) *Ich klicke auf » HIER « und folge den Staat zur Aktualisierung der
> Informationen. Immerhin haben die zu bestimmen, dass jemand
> meine Karte ohne meine Erlaubnis verwendet zu haben!*
>
> b) *Ich klicke auf » Antworten « und biete meine Dienste als Über-
> setzer an.*
>
> c) *Ich verschiebe die E-Mail in den SPAM-Ordner.*

● ● ● ●

**Erna M. besitzt einen 20 Jahre alten Röhrenfernseher. Ihre
Enkelin nennt hingegen einen ultramodernen Full HD
Smart TV der neuesten Generation ihr Eigen.**

> a) *Warum verrichtet der Röhrenfernseher seit 20 Jahren seine
> Dienste ohne nennenswerten Defekt, wohingegen der Full HD
> Smart TV bereits nach einem halben Jahr aufgrund mehrerer
> durchgebrannter Kondensatoren zur Reparatur muss?*
>
> b) *Wie viel Lebenszeit verschwendete ihre Enkelin bislang damit,
> dringend notwendige Firmware-Updates für ihren Fernseher
> aufzuspielen, wie viel Erna M. selbst?*
>
> c) *Muss man Angela Merkel, Günther Jauch und Florian Silbereisen
> unbedingt in Full-HD-Auflösung sehen?*

Herr J. kauft sich das brandneue iPhone, obwohl sein
» altes « (erworben vor genau einem Jahr) noch tadellos
funktioniert. Ein entsprechendes Android-Smartphone wäre
zudem 30 Prozent günstiger.

   a) *Erläutern Sie den Unterschied zwischen » wollen « und*
      » brauchen «.

   b) *Vergleichen Sie Äpfel mit Birnen.*

   c) *Wieso sind Herrn J. vernünftige Argumente bei der Kaufent-*
      scheidung ziemlich Banane?

● ● ● ●

**Wie viele AGBs haben Sie vor der Installation neuer
Software oder der Anmeldung zu Online-Diensten
VOLLSTÄNDIG gelesen, ehe Sie entnervt auf » Bestätigen
und weiter « geklickt haben?**

   a) *Eine.*

   b) *Fünf.*

   c) *Bestätigen und weiter.*

● ● ● ●

Frau T. möchte ein 20 Sekunden langes Video im Internet
anschauen.

   a) *Warum muss sie vorab 30 Sekunden Werbung über sich ergehen*
      lassen?

   b) *Weshalb läuft die Werbung weitestgehend flüssig, während das*
      eigentliche Video alle zwei Sekunden stoppt und schneckenartig
      nachgeladen werden muss?

Um zu überprüfen, ob sich gerade ein Mensch oder eine
Maschine anmelden möchte, verwenden viele Internetseiten
sogenannte Captchas. Dabei müssen verzerrte Texte sauber
in eine Antwortbox übertragen werden.

Sind Sie ein Mensch?

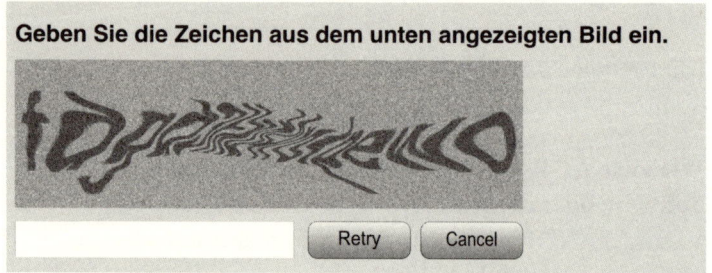

a) *Ja, aber ich kann dieses verdammte Captcha trotzdem nicht
   entziffern!*

b) *Ja, ich kenne sogar den Mädchennamen meiner Mutter, den
   Namen meines ersten Haustiers und weiß, wie die Straße heißt,
   in der ich als Kind gewohnt habe!*

c) *Offensichtlich nicht.*

[WS] Denke dir ein sicheres Passwort mit 6 bis 16 Zeichen aus, das mindestens ein Sonderzeichen, eine Zahl sowie einen Großbuchstaben enthält.

a) *passwort.*

b) *qwertz.*

c) *123456.*

• • • •

300.000 Hornbrillen, 250.000 Hochwasserhosen, 200.000 Comic- oder Motto-Shirts sowie 150.000 Chucks – alles auf einer Fläche von 140.000 m².

a) *Karneval in Düsseldorf.*

b) *Fashion Week in Berlin.*

c) *Gamescom in Köln.*

• • • •

Pauls Eltern sind im Urlaub. Deshalb lädt der Sechzehnjährige seine 428 Facebook-Freunde zu einer spontanen Party bei sich zu Hause ein.

a) *Wie viele Gäste kommen, wenn 20 Prozent seiner Facebook-Freunde zusagen?*

b) *Wie viele Gäste kommen darüber hinaus, wenn Paul die Einladung versehentlich für alle Facebook-User sichtbar gemacht hat?*

c) *Was kostet der anschließende Polizeieinsatz zur Auflösung des Flashmobs?*

d) *Mit wie viel Monaten Hausverbot muss Paul nach der Rückkehr seiner Eltern rechnen?*

**Der sogenannte »Panik-Index von Smartphone-Süchtigen«
(PISS) lässt sich anhand folgender Formel ermitteln:** **[L 50]**

$$PISS = 1 - \frac{0{,}5 \cdot N \cdot A}{100}$$

N = Netzstärke in angezeigten Balken.

A = Akkuladestatus in Prozent.

a) Ab welchem Akkuladestatus geraten Smartphone-Junkies in den Panikbereich (PISS > 0), wenn die Netzstärke drei Balken beträgt?

b) Ab welcher Netzstärke droht Panik, wenn der Akku bereits zu 50 Prozent entleert ist?

c) Was ist gemäß der PISS-Formel schlimmer: kein Netz oder kein Akku?

• • • •

**Nico, Nils und Noah haben zusammen 495 Apps auf ihren
Smartphones. Nico hat exakt so viele, wie jeder der drei im
Durchschnitt besitzt, Noah hat 66 Apps mehr als Nils.**

a) Wie viele Leser öffnen an dieser Stelle bereits in freudiger Erwartung ihre Taschenrechner-App?

b) Wie viele Leser zählen gerade nach, wie viele Apps sie auf ihrem Smartphone installiert haben?

c) Weshalb gibt es eigentlich noch keine App, die das automatisch kann?

d) Okay – damit Sie Ihren mobilen Taschenrechner jetzt nicht völlig umsonst geöffnet haben: Was macht drei mal drei?

Nico, Nils und Noah programmieren eine App, die automatisch ermittelt, wie viele Apps ein Smartphonebesitzer installiert hat und diese Information in Echtzeit über Facebook, Twitter, WhatsApp, Instagram, Google Plus, Pinterest, Tumblr, XING und Flickr mit Milliarden Menschen weltweit teilt. Zudem vergleicht das Programm das eigene App-Portfolio mit dem anderer Nutzer und unterbreitet entsprechende Flirt-Vorschläge in der Nähe.

a) *Wer braucht's?*

b) *Erklären Sie, weshalb die App in den ersten Wochen trotzdem zwei Millionen Mal heruntergeladen wird.*

c) *Wie viele Monate später haben die drei dank eines Anrufs von Mark Zuckerberg für die nächsten 400 Jahre finanziell ausgesorgt?*

• • • •

Aufgrund einer technischen Störung fällt bei Herrn W. das Internet aus. Wie verbringt er seinen Abend?

a) *Er schaut fern.*

b) *Er pflegt endlich einmal wieder seine sozialen Kontakte außerhalb von Facebook und Twitter.*

c) *Er stellt mit Schrecken fest, dass er außerhalb von Facebook und Twitter keine sozialen Kontakte mehr hat.*

d) *Er kontrolliert alle drei Minuten, ob das Fehler-Lämpchen am Router immer noch blinkt.*

Herr J. bucht beim Internetanbieter seines Vertrauens ein DSL-Paket mit einer Geschwindigkeit von bis zu 16.000 MBit pro Sekunde. Die monatlichen Kosten dafür betragen 30 Euro.

a) *Wie hoch ist die Wahrscheinlichkeit, dass er anschließend bestenfalls mit 2.000 MBit pro Sekunde beliefert wird?*

b) *Mit welcher Begründung hält der Internetanbieter die Geschwindigkeit variabel, den Preis jedoch fix?*

c) *Was sagt es über die Leistungsfähigkeit der hiesigen DSL-Netzbetreiber aus, wenn man mittlerweile selbst in Schwellenländern wie Tschechien, Lettland oder Rumänien im Durchschnitt schneller surft als in der angeblichen » Hightech-Nation « Deutschland?*

● ● ● ●

Jede Minute werden 300 Stunden Videomaterial auf YouTube hochgeladen.   **[L 51]**

a) *Wie viele Tage würde es dauern, bis Sie alle hochgeladenen Videos einer einzigen Stunde angesehen hätten?*

b) *Wie alt müssten Sie werden, um das komplette Material eines ganzen Jahres zu sichten (vorausgesetzt, Sie würden von Ihrer Geburt an nichts anderes tun)?*

c) *Nennen Sie mindestens zehn Gründe, die dagegen sprechen, das Leben mit dem dauerhaften Konsum von Videos wie » Frau lässt im Büro einen fahren « oder » Typ kotzt in sein Bierglas « sinnlos zu vergeuden.*

Zu welchem Anteil wird die Kommunikation innerhalb desselben Hauses bzw. desselben Raums mittlerweile über SMS, WhatsApp, Twitter & Co. abgewickelt?

a) *Gute Frage. Ich chatte mal eben die Familiengruppe an.*

b) *Meine Nebensitzerin schreibt: » 80 Prozent «.*

c) *Bei mir persönlich zu 99 Prozent. Meine Daumen tippen eh immer automatisch mit, wenn ich versehentlich doch mal spreche.*

● ● ● ●

Sie haben in drei Minuten einen superwichtigen Termin und müssen hierfür noch einige Unterlagen in Schwarz-Weiß ausdrucken.

a) *Fach 1 ist leer.*

b) *Wechseln Sie die Farb(!)patronen Cyan und Magenta.*

c) *Finden Sie den nicht vorhandenen Papierstau.*

d) *Warum verhält sich die Anzahl an Warn- und Fehlermeldungen stets proportional zur Dringlichkeit des jeweiligen Druckauftrags?*

● ● ● ●

[WS] Herr O. montiert eine Deckenleuchte. Die Lampe wird mit 230 Volt an das Stromnetz angeschlossen. Es fließt ein Strom der Stärke I = 0,25 Ampere.

a) *Ist die richtige Sicherung draußen?*

b) *Steht der Schalter auf » Aus «?*

c) *Wie lautet die Notrufnummer der nächstgelegenen Rettungsleitstelle?*

Ihr PC gibt keinen Mucks mehr von sich. Sie wenden sich mit Hilfe Ihres Smartphones vertrauensvoll an die Mitglieder einer Online-Community, um das Problem gelöst zu bekommen.

a) *Wie viele Mitglieder antworten Ihnen daraufhin, dass sie das Problem ebenfalls haben und auch keine Lösung finden?*

b) *Wie viele präsentieren Ihnen die perfekte Lösung – jedoch für ein völlig anderes Problem?*

c) *Wie viele Antworten beschäftigen sich ausschließlich damit, dass das mit Apple oder Linux überhaupt kein Problem wäre?*

d) *Apropos: Ist der Stecker drin?*

● ● ● ●

Gemäß einer aktuellen Studie achten drei Viertel aller Deutschen penibel auf den Schutz ihrer persönlichen Daten.

a) *Weshalb sind 75 Prozent aller deutschen Internetnutzer dennoch Mitglied in mindestens einem sozialen Netzwerk?*

b) *Wie viele schützen ihre E-Mail- und Facebook-Accounts mit ausgeklügelten Passwörtern wie » Hallo « oder » Schatz «?*

c) *Wie viele Deutsche breiten persönliche Probleme oder Betriebsinterna gerne lautstark telefonierend in öffentlichen Verkehrsmitteln aus?*

Über zwei Milliarden Internetnutzer haben im Jahr 2014 die Begriffe »Facebook«, »YouTube« und »Google« gegoogelt.

a) *Konjugieren Sie das Verb »googeln«.*

b) *Wie oft haben Sie selbst schon die Adress- mit der Suchleiste verwechselt?*

c) *Weshalb versuchen Menschen, Google zu laden, obwohl die Seite bereits geöffnet ist?*

● ● ● ●

Die Fernbedienung Ihres Fernsehers umfasst 56 Tasten.

a) *Welche Taste außer dem Ein- und Ausschaltknopf sowie den Programmtasten (+/-) verwenden Sie im täglichen Gebrauch?*

b) *Okay, vielleicht noch die Lautstärke-Wippe ...*

c) *Wofür sind die restlichen 51 Knöpfe da, und warum sind manche bunt und andere nicht?*

d) *Weshalb vermittelt Ihnen das unhandliche Riesending trotzdem das gute Gefühl, dass Ihr Fernseher unendlich viel kann – obwohl Sie es niemals nutzen werden?*

● ● ● ●

Früher war alles ...

a) *... besser.*

b) *... anders.*

c) *... ohne Internet.*

Das Werbe-Pop-up-Fenster, das beim Aufruf einer Internetseite Ihrer Wahl erscheint, ist 300 Pixel breit und 250 Pixel hoch. [L 52]

a) *Wie viele Pixel hat das Pop-up-Fenster insgesamt?*

b) *Wo befindet sich das eine entscheidende » Fenster schließen und weiter «-Pixel?*

c) *Wie viel hat der Betreiber der Internetseite Ihrer Wahl an Ih-nen verdient, wenn er pro Klick eine Provision von 50 Cent erhält und Sie beim Versuch, das Pop-up wegzudrücken, versehentlich achtmal auf der Homepage des Werbetreibenden landen?*

● ● ● ●

Deutschland in Zahlen: [L 53]

– **Einwohner: 80,62 Millionen.**

– **Davon Babys und Kleinkinder unter drei Jahre: 2,04 Millionen.**

– **Mobilfunkanschlüsse: 112,63 Millionen.**

a) *Wie viele Mobilfunkanschlüsse hat das durchschnittliche deut-sche Baby/Kleinkind?*

b) *Warum?*

● ● ● ●

Sie pfeifen in einer belebten Straßenbahn fünf wahllose Töne.

a) *Wieso schauen 73 Prozent der Fahrgäste anschließend erwar-tungsvoll auf ihr Smartphone?*

Bei der Darstellung dieser Textaufgabe ist ein unerwarteter Fehler aufgetreten. Bitte versuchen Sie es später noch einmal, oder starten Sie die Problembehandlung.

a) *Weshalb gibt es vergleichsweise wenig erwartete Fehler?*

b) *Wann ist später?*

c) *Die Problembehandlung kann aufgrund eines Problems leider nicht gestartet werden.*

● ● ● ●

Was machen » technikaffine « Elternteile nach dem Versand einer WhatsApp-Nachricht an ihren Nachwuchs?

a) *Sie warten geduldig auf eine Antwort.*

b) *Sie schicken denselben Text nach wenigen Sekunden noch einmal.*

c) *Sie rufen eine Minute später an, um mitzuteilen, dass sie soeben eine WhatsApp-Nachricht verschickt haben.*

● ● ● ●

Welche relevanten Inhalte teilen technikaffine Elternteile ihrem Nachwuchs via WhatsApp mit?

a) *» Hallo! Gruß, Mama « (bevorzugt in den ersten Wochen nach der WhatsApp-Anmeldung).*

b) *Sie warnen vor Blitzeis und plötzlich einsetzenden Schneefällen (bevorzugt in Spätsommermonaten).*

c) *» Wieland Mann Richtschnur Lotterie aufhalten€¿ « (bevorzugt bei mangelhafter Fingerfertigkeit und eingeschalteter Rechtschreibkorrektur).*

Herr L. benutzt seinen PC an 300 Tagen pro Jahr. Das Hochfahren des Rechners dauert jeweils vier Minuten.
[L 54]

a) *Wie viele Stunden starrt Herr L. jährlich auf einen (mehr oder weniger) schwarzen Monitor?*

b) *Welche weitaus sinnvolleren Dinge hätte er in dieser Zeit erledigen können?*

c) *Weshalb ist er jedes Mal aufs Neue davon überzeugt, dass unkoordiniertes Herumhauen auf der Tastatur den Startvorgang auf wundersame Weise beschleunigen könnte?*

• • • •

Wofür nutzen Sie Ihr Smartphone am häufigsten?

a) *Um zu telefonieren, Nachrichten zu schreiben und gelegentlich im Internet zu surfen.*

b) *Um Zitronendrops, Geleebohnen und grüne Kaubonbons in Dreier-, Vierer- oder Fünferreihen anzuordnen.*

c) *Um mit Vögeln auf Schweine zu schießen.*

• • • •

Jeden Tag geben Spieler der »Candy Crush Saga« über eine Million US-Dollar für kostenpflichtige Zusatzfunktionen aus.

a) *Wie viele Tonnen Zitronendrops und Geleebohnen könnten sie sich stattdessen dafür kaufen?*

b) *Was macht das in Vögeln?*

Umwelt, Ernährung, Gesundheit, Wissenschaft

Die Firma HappyChix AG verkauft Eier. Dafür hält sie auf einer Fläche von 20 Ar rund 48.000 Hühner. Bauer Hansen verkauft ebenfalls Eier. Seine 300 Hühner verteilen sich auf einer Fläche von 1,2 Ar. [L 55]

a) *Welchen Lebensraum hat ein einziges Huhn bei der Firma HappyChix AG, welchen bei Bauer Hansen (jeweils in Quadratmetern)?*

b) *Kauft man jeweils ein Ei der HappyChix AG sowie eins von Bauer Hansen, zahlt man für beide Eier zusammen 35 Cent, wobei das Ei von Bauer Hansen zweieinhalbmal so teuer ist wie das von HappyChix. Wie viel kostet ein 10er-Karton Eier von der Happy-Chix AG, wie viel einer von Bauer Hansen?*

c) *Zu welchem der beiden Kartons wird die alleinstehende Rentnerin Gisela M. (monatliches Nettoeinkommen: 1.250 Euro) im Supermarkt wohl notgedrungen greifen?*

• • • •

Kanadische und schottische Forscher haben herausgefunden, dass Heringe mittels pulsierender Töne aus dem Analtrakt miteinander kommunizieren. Das Tonspektrum der pazifischen Heringe umfasst dabei mit Frequenzen von 1,7 bis 22 Kilohertz mehr als drei Oktaven. [L 56]

a) *Wie viel Millihertz umfasst das Furzspektrum der pazifischen Heringe?*

b) *Beurteilen Sie vor diesem Hintergrund das musikalische Gesamtwerk von David Hasselhoff.*

c) *Weshalb beschäftigen sich kanadische und schottische Forscher ernsthaft mit Heringsfürzen?*

Lasse, Torben, Björn und Ole bekommen eine Tafel Trauben-Nuss-Schokolade geschenkt. Lasse leidet unter Laktoseintoleranz, Torben hat erhöhte Cholesterinwerte, und Björn ernährt sich ausschließlich vegan.

a) *Wie hoch ist die Wahrscheinlichkeit, dass Ole allergisch auf Nüsse reagiert?*

b) *Weshalb bekommen unbescholtene Kinder in Textaufgaben vorwiegend Schokoladenprodukte (oder bestenfalls mal einen Apfel) geschenkt und so gut wie nie Tomaten, Gurken, Auberginen oder Karotten?*

c) *Malen Sie einen Blumenkohl in das unten abgedruckte Koordinatensystem, und berechnen Sie dessen Flächeninhalt (inklusive Strunk).*

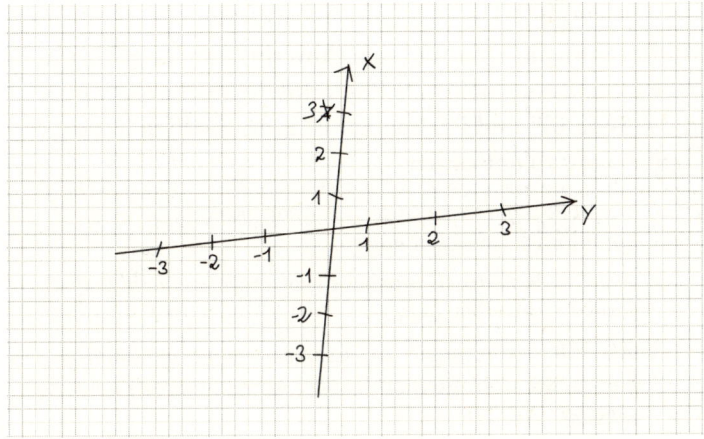

Herr R. bekommt von seiner Gemahlin die Aufgabe, eine Zucchini (Länge: 20 Zentimeter, Durchmesser: 5 Zentimeter) in Würfel zu schneiden.

a) *Wie viele vollständige Würfel lassen sich aus der Zucchini schnitzen, wenn sich Herr R. für eine Kantenlänge von 2 Zentimeter entscheidet?*

b) *Ermitteln Sie – unter Berücksichtigung des Ergebnisses aus Teilaufgabe a) – die Gesamtzahl an Löchern, die Herr R. in das Fruchtfleisch ritzt (Hinweis: Ein handelsüblicher Würfel hat 21 Augen).*

c) *Kniffel!*

d) *Weshalb kümmert sich seine bessere Hälfte anschließend lieber selbst um das Blanchieren der Eier?*

● ● ● ●

Mülltrennung in Deutschland: Butterbrotpapier gehört in die Restmülltone, benutzte Papiertaschentücher kommen in den Biomüll, und Packpapier ist grundsätzlich in der Papiertonne zu entsorgen.

a) *Wie ist Packpapier zu entsorgen, wenn Sie darin zuvor ein Butterbrot eingewickelt hatten?*

b) *Wie sind Papiertaschentücher zu entsorgen, wenn sie zu Packzwecken verwendet wurden?*

c) *Wie ist Butterbrotpapier zu entsorgen, wenn es in Ermangelung geeigneterer Alternativen als Taschentuchersatz herhalten musste?*

Aus der EU-Verordnung Nr. 2396/2001 zur Festlegung der Vermarktungsnorm für Porree/Lauch: »Porree/Lauch der Güteklasse I muss von guter Qualität sein. Mindestens ein Drittel der Gesamtlänge oder die Hälfte des umhüllten Teils muss von weißer bis grünlich-weißer Färbung sein. Jedoch muss bei Frühporree/Frühlauch der weiße oder grünlich-weiße Teil mindestens ein Viertel der Gesamtlänge oder ein Drittel des umhüllten Teils ausmachen. (…) Zu Güteklasse II gehört Porree/Lauch, der nicht in die Klasse I eingestuft werden kann. Der weiße oder grünlich-weiße Teil muss mindestens ein Viertel der Gesamtlänge oder ein Drittel des umhüllten Teils ausmachen. «

a) *Zu welcher Güteklasse gehört Porree/Lauch, wenn der weiße oder grünlich-weiße Teil ein Fünftel der Gesamtlänge sowie ein Viertel des umhüllten Teils ausmacht?*

b) *Gilt das auch für Frühporree/Frühlauch?*

c) *Wie viele Euro hat die Ausarbeitung der EU-Verordnung Nr. 2396/2001 zur Festlegung der Vermarktungsnorm für Porree/Lauch den Steuerzahler schätzungsweise gekostet?*

d) *Welchen Nutzen bringt sie ihm?*

[WS] Die optimale Kochzeit eines Frühstückseis (t) in Abhängigkeit vom Durchmesser des Eis (d), der Temperatur des Eis zu Beginn des Kochvorgangs (Ts), der Wassertemperatur (Tw) sowie der Temperatur des gekochten Eigelbs im gewünschten Zustand (Ti) lässt sich anhand der folgenden Formel ermitteln:

$$t = 0{,}0016 \cdot d^2 \cdot \ln\left(2 \cdot \frac{Tw - Ts}{Tw - Ti}\right)$$

a) *Unterstreiche das Wort » Eis «.*

b) *Was reimt sich auf » heiß «?*

● ● ● ●

Frau W. macht eine einwöchige Kohlsuppendiät. Nach zwei Tagen hat sie bereits ein Kilogramm verloren. Zwei weitere Tage später zeigt die Waage erneut ein Kilogramm weniger an. Am Ende der Diät hat sie insgesamt vier Kilogramm abgenommen.

a) *Wie viel Gewicht hat Frau W. zwischen dem vierten und siebten Tag der Diät verloren?*

b) *Wie viele Freunde hat Frau W. aufgrund permanent schlechter Laune sowie des von ihr ausgehenden bestialischen Kohlgestanks in der Diätwoche verloren?*

c) *Wie beurteilen Sie die Nachhaltigkeit der Abnehmmaßnahme, wenn Frau W. zwei Wochen später wieder sechs Kilogramm mehr auf die Waage bringt?*

Herr F. hat leichte Rückenschmerzen, Herrn A. plagt ein dickes Knie. Beide rufen am selben Tag beim selben Orthopäden an. Während Herr A. einen Termin in drei Wochen erhält, wird Herr F. bereits am nächsten Tag vom Facharzt inspiziert.

a) Welcher der beiden Herren ist Privat-, welcher Kassenpatient?

b) Wieso erhält Herr F. das volle Untersuchungsprogramm (inklusive Ultraschall, Knochendichtemessung und Computertomografie), während Herr A. nach kurzer Schilderung seines Leidens vom Arzt mit einer Salbe abgespeist wird?

c) 28 Prozent der Einnahmen in einer durchschnittlichen Arztpraxis werden mit Privatpatienten erwirtschaftet, aber nur zehn Prozent aller Deutschen sind privat versichert. Erklären Sie den vermeintlichen Widerspruch.

• • • •

Herr Z. nimmt sich vor, mehr auf seine Gesundheit zu achten. Deshalb will er künftig jeden Tag mindestens fünf Kilometer joggen.

a) Wie viele Kilometer wäre er nach einem Monat theoretisch (mindestens) gejoggt?

b) Wie viele Kilometer ist er in diesem Zeitraum tatsächlich gelaufen, wenn jeden Tag etwas anderes dazwischengekommen ist – sei es das Abendessen, die Couch, schlechtes Wetter, ernsthafte Diskussionen mit den Kindern, ein bis fünf Feierabendbier, das Erstellen der Steuererklärung oder die äußerst bedeutsame Drittligapartie Holstein Kiel gegen Wehen Wiesbaden im Pay-TV?

c) Weshalb fährt Herr Z. regelmäßig mit dem Auto zum Bäcker, obwohl dieser nur 900 Meter entfernt ist?

Laut amerikanischen Studien soll ein Glas Rotwein (0,2 Liter) denselben Effekt auf das Muskelsystem und den Kreislauf haben wie 15-minütiges Ausdauertraining im Fitnessstudio. [L 57]

a) *Wie viel Rotwein ist vonnöten, um ein einstündiges Ausdauertraining zu substituieren?*

b) *Was machen Sie mit dem Rest der zweiten angebrochenen 0,7-Liter-Flasche? Wäre ja irgendwie schade drum ...*

c) *Welcher (» Muskel-«)Kater ist am nächsten Morgen schlimmer?*

• • • •

Medizinischen Studien zufolge verkürzt jede Zigarette das Leben um fünf Minuten.

a) *Wie alt wäre Johannes Heesters geworden, wenn er nicht geraucht hätte?*

b) *Multiplizieren Sie die Anzahl der bislang von Ihnen gerauchten Zigaretten mit fünf.*

c) *Auf den Schock erst mal 'ne Kippe ...*

Familie Mayer eröffnet die Grillsaison. Während Frau Mayer achtmal zwischen Küche und Balkon hin- und herläuft, um die frisch zubereiteten Salate nach draußen zu bringen, den Tisch einzudecken, Getränke zu holen etc. (einfache Entfernung Küche – Balkon: 13 Meter), steht Herr Mayer mit kritischem Blick neben dem Grill und trinkt Bier. [L 58]

a) Berechnen Sie den Laufweg von Frau Mayer.

b) Berechnen Sie den Laufweg von Herrn Mayer (einfache Entfernung Grill – Tisch: 0,9 Meter).

c) Wer ist in den Augen von Herrn Mayer einzig und allein für die äußerst gelungene Mahlzeit verantwortlich?

d) Nach dem Essen weigert sich der Grillmeister vehement, beim Abräumen des Geschirrs zu helfen – sollen die anderen gefälligst auch mal was tun! Berechnen Sie die Aufprallgeschwindigkeit des übrig gebliebenen Baguettebrötchens, das ihm Frau Mayer daraufhin ins Gesicht schleudert (einfache Entfernung Baguettebrötchen – Kopf: 40 Zentimeter, Anfangsgeschwindigkeit: 20 Meter pro Sekunde, Abwurfwinkel: 8,5 Grad).

Ein Glas Ramazzotti hat einen Alkoholgehalt von 30 Volumenprozent.

a) *Welchen Alkoholgehalt haben zwei Gläser Ramazzotti?*

b) *Wechen Aloholgehalt haben drei Gläser Ramazotti?*

c) *Wlchn Alohalt habn vier Gla Zotti?*

d) *Wieso beginnt der darauffolgende Morgen zu 120 Prozent mit einem ausgewachsenen Brummschädel?*

● ● ● ●

Eine Fast-Food-Kette muss für jeden verkauften Burger Umsatzsteuer an den Fiskus abtreten. Der entsprechende Prozentsatz wird an der Kasse eingegeben und richtet sich danach, ob der Kunde den Burger mitnimmt (Steuersatz: 7 Prozent) oder » zum hier essen « kauft (Steuersatz: 19 Prozent). [L 59]

a) *Warum kostet der Burger in beiden Fällen vier Euro?*

b) *Wie viel mehr verdient die Fast-Food-Kette an einem » Burger to go «?*

c) *Was macht das aufs Jahr verteilt, wenn das » Restaurant « an 365 Tagen geöffnet hat und täglich 800 Burger verkauft?*

d) *Ob der Mitarbeiter an der Kasse wohl immer die richtige Taste drückt …?*

● ● ● ●

In einem Bioladen werden Tofu-Frikadellen und vegane Gemüseschnitzel angeboten.

a) *Wann denken sich die Fleischverächter endlich eigene Formen aus?*

b) *Wieso gibt es im Gegenzug keine nachgebauten Auberginen aus Schweine- oder Rinderhack?*

c) *Mir doch Wurst!*

Rund hundert Jahre lang galt Spinat aufgrund eines Kommafehlers als zehnmal eisenhaltiger, als er in Wirklichkeit ist.

a) *Über wie viele Generationen hinweg sorgte ein verrutschtes Komma auf einer angestaubten Nährwerttabelle für kulinarisch komplett vermurkste Kindheiten?*

b) *Warum ausgerechnet Spinat? Hätte der Fauxpas nicht bei weitaus schmackhafteren Dingen wie Pizza, Cola, Gummibärchen, Hamburgern oder Schokolade passieren können?*

c) *Wie viele Tage nach Bekanntwerden des Fehlers reichte Olivia die Scheidung ein?*

● ● ● ●

Die Verwendung von Zahnseide verlängert das Leben statistisch gesehen um stattliche sechseinhalb Jahre, Rauchen hingegen reduziert die Lebenserwartung um sieben Jahre.

a) *Wie beurteilen Sie die Aussage, dass die Verwendung von Zahnseide die gesundheitlichen Risiken des Tabakkonsums nahezu komplett egalisiert?*

b) *Wie viel Prozent der hinzugewonnenen Lebenszeit geht beim eifrigen Zahnseidebenutzer durch den damit einhergehenden Mehraufwand bei der Mundhygiene flöten (hochgerechnet auf 70 Jahre bei einem täglichen Arbeitsaufwand von zwölf Minuten)?*

c) *Was nutzt die ganze Statistik, wenn man auf dem Weg zum Zahnseidekauf versehentlich von einer Kokosnuss erschlagen wird (Wahrscheinlichkeit: eins zu fünf Millionen)?*

Das gefühlte Alter eines Menschen (G) lässt sich anhand der Formel G = T + V – Z ermitteln.

T = tatsächliches Alter.

V = Anzahl gesprochener Sätze pro Tag, die sich mit Vergangenem beschäftigen (regelmäßig mit Eröffnungen wie » Früher … «, » Damals … « oder » Als ich noch jung war … «).

Z = Anzahl gesprochener Sätze pro Tag, die sich mit der Zukunft beschäftigen (häufig mit Einstiegen wie » Ab sofort … «, » Künftig … « oder » Wenn ich mal groß bin … «).

a) *Berechnen Sie Ihren persönlichen G-Wert.*

b) *Verdauen Sie den Schock.*

c) *Mit welcher vergleichsweise einfachen Maßnahme fühlen Sie sich künftig bedeutend jünger als früher?*

● ● ● ●

Die Lehrerin spendiert ihrer Schulklasse – bestehend aus 20 Schülerinnen und Schülern – eine Tüte » Nimm 2 «. Alle Bonbons zusammen wiegen gemäß der Angabe auf dem Beutel 240 Gramm, jedes einzelne hat laut Hersteller ein Gewicht von 6,1 Gramm (jeweils inklusive Verpackung).
[L 60]

a) *Wie viele (vollständige) Bonbons befinden sich in der Tüte?*

b) *Wie viele Kinder bekommen tatsächlich zwei?*

c) *Erläutern Sie, weshalb die Produktbezeichnung » Nimm 1,97 « mathematisch zwar durchaus richtig, aus Marketingsicht aber eine ziemlich blöde Idee wäre.*

d) *Mit welcher Reaktion ist beim adipösen Adrian zu rechnen, wenn er als Letztes in die Tüte greifen darf?*

Laut einer Untersuchung der Universität Bielefeld leiden sechs Prozent aller Deutschen unter Dyskalkulie.

a) *Was versteht man unter Dyskalkulie?*

b) *Was ist ein Prozent?*

c) *Acht!*

● ● ● ●

100 Gramm Spargel haben 20 Kilokalorien.   [L 61]

a) *Nach wie vielen WC-Besuchen sind diese verbrannt, wenn für einen Toilettengang (Hin- und Rückweg) 50 Schritte zu gehen sind und pro Schritt im Schnitt 0,04 Kalorien verbraucht werden?*

b) *Wie ist es möglich, dass 100 Gramm Spargel gefühlt aus 200 Prozent Wasser bestehen?*

c) *Was riecht hier so nach Schwefel?*

● ● ● ●

In Deutschland leben 7,5 Millionen Hunde. Die tägliche »Haufenmenge« je Hund beträgt im Schnitt 160 Gramm.   [L 62]

a) *Welche Menge Hunde-Aa fällt pro Jahr in Deutschland an (Ergebnis in Tonnen)?*

b) *Wie viel davon wird ordnungsgemäß im Restmüll entsorgt, wenn nur jeder fünfte Hundebesitzer anständig erzogen ist?*

c) *Wie viele Flugzeuge des Typs » Airbus A380 « (kurz: AA380) ließen sich mit der jährlich achtlos liegen gelassenen Hundekacke aufwiegen, wenn ein einzelner Flieger 276.800 Kilogramm schwer ist?*

Sie bereiten eine Tiefkühlpizza zu.

a) Betrachten Sie das Bild des fertig aufgebackenen Produkts auf der Verpackung.

b) Betrachten Sie das fertig aufgebackene Produkt in der Realität.

c) Erklären Sie die eklatanten Unterschiede.

● ● ● ●

[WS] Gemäß der Heisenberg'schen Unschärferelation können der Ort (x) und der Impuls (p) eines Teilchens nicht gleichzeitig beliebig genau bestimmt werden.

Dabei gilt für die Ortsunschärfe Δx sowie für die Impulsunschärfe Δp stets Δx·Δp ≥ h/4π mit

h = 6,62606957·10^{-34}·J·s (Plancksches Wirkungsquantum) und

π = 3,14159265359.

a) Welches Tier macht » Quak «?

● ● ● ●

Weil Sie in der *Brigitte* gelesen haben, dass Obst schlank machen soll, kaufen Frauke und Frederike 15 Äpfel zum sofortigen Verzehr. Frauke bekommt ein Drittel davon ab. Was bekommt Frederike?

a) Zehn.

b) Zwölf.

c) Durchfall.

Drei von vier Deutsche haben Angst vor dem Zahnarzt.
[L 63]

a) *Wie viele der rund 87.700 Zahnärzte in Deutschland fürchten sich rein statistisch gesehen vor sich selbst?*

b) *Übersetzen Sie » zwei vier c okklusal « in verständliches Deutsch.*

c) *Wo ist das verdammte Bonusheft?*

• • • •

[WS] Wie viele Schwalben machen einen Sommer?

a) *Eine.*

b) *Zwei.*

c) *37.*

• • • •

Auf einem Heißgetränkeautomaten ist folgender Aufdruck angebracht: » Alle Kaffee-Schwarz-Varianten enthalten Koffein. Sämtliche anderen kaffeehaltigen Varianten enthalten Koffein und Milch. Alle Kakao- und Schokovarianten enthalten Milch. «

a) *Enthält schwarzer Kaffee Milch?*

b) *Enthält Schokolade Koffein?*

c) *Welchen IQ setzt der Automatenbetreiber beim durchschnittlichen Heißgetränkekonsumenten voraus?*

• • • •

Was kann der Flügelschlag eines Schmetterlings in Brasilien auslösen?

a) *Ein laues Lüftchen in Rio.*

b) *Einen Tornado in Texas.*

c) *Einen weltweiten Shitstorm im Internet.*

Was erkennen Sie im folgenden Schaubild?

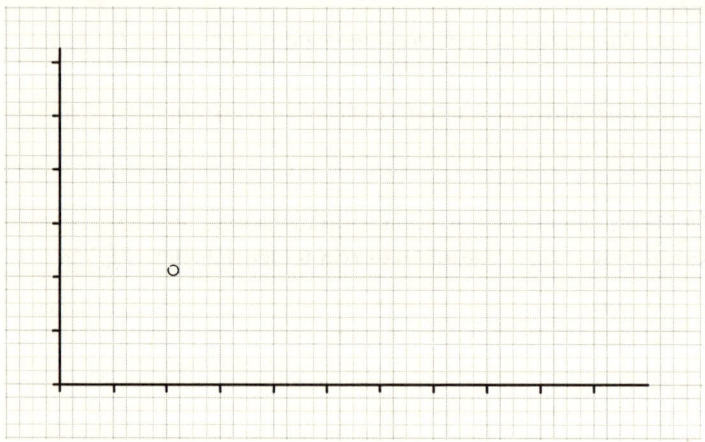

a) *Fast nichts.*

b) *Das Universum (von ganz weit weg).*

c) *Ich sollte mal wieder zum Augenarzt gehen.*

• • • •

Wie sexy ist eine Kurvendiskussion?

a) *Extrem!*

b) *Grenzwertig.*

c) *Da muss man differenzieren …*

• • • •

Woran mangelt es vielen Kindern und Jugendlichen heutzutage in der öffentlichen Wahrnehmung?

a) *Disziplin.*

b) *Dopamin.*

c) *Ritalin.*

Welche Darreichungsform von Antibiotika ist hierzulande am beliebtesten?

a) Tabletten.

b) Zäpfchen.

c) Frischgeflügel.

• • • •

In Deutschland gibt es 1.000 unterschiedliche Würstchensorten sowie 300 Variationen von Kartoffelsalat. [L 64]

a) Wie viele Jahre könnte man sich ausschließlich von Würstchen und Kartoffelsalat ernähren, ohne sich dabei zu wiederholen?

b) Nach wie vielen Monaten übersteigt der Cholesterinwert die Anzahl an Würstchensorten?

c) Nach wie vielen Tagen schmeckt eh alles gleich?

• • • •

Ab welcher Temperatur wird steinharte Butter schlagartig zu matschiger Flüssigpampe?

a) Ab 20 Grad Celsius.

b) Ab 21 Grad Celsius.

c) Die Grenze ist fließend.

• • • •

Wie viel Gramm sind » eine Handvoll Chips «?

a) Fünf.

b) Je nach Sorte und Packungsgröße zwischen 150 und einem halben Kilo. Besonders große Pranken bekommen sogar drei vollständige Tüten mit einer Hand zu greifen.

Sport und Spiel

[WS] O-Ton aus einer Fußballübertragung: » Und da ist gekommen dieser eine Moment für Mario Götze! Da ist alles andere egal! Irre! Der Bundespräsident steht, die Kanzlerin. Das nächste Jokertor für Deutschland! «

> *a) Klatschen Sie dreimal in die Hände.*
>
> *b) Buchstabieren Sie das Wort » Grammatik «.*

• • • •

Ergänzen Sie folgenden Satz: Der Ball ist ...

> *a) ... ein abgestumpftes Ikosaeder, und die effektive Netto-spielzeit einer Fußballpartie beträgt im arithmetischen Mittel 0,95 Stunden.*
>
> *b) ... rund, und ein Spiel dauert 90 Minuten.*
>
> *c) ... SCHAAAAAAAAAALKE!*

• • • •

Wo befindet man(n) sich am wahrscheinlichsten, wenn bei einem wichtigen Champions-League-Spiel das erste Tor fällt?

> *a) Vor dem Fernseher.*
>
> *b) In der Küche, Bier holen.*
>
> *c) Auf dem Klo.*
>
> *d) In einer lebhaften Diskussion mit der Ehefrau, ob Fußball wirklich wichtiger ist als DSDS.*

Die Chance auf sechs Richtige mit Superzahl im Lotto beträgt 1 zu 139.838.160.   [L 65]

a) *Herr G. füllt seit seinem 18. Lebensjahr einmal pro Woche einen Lottoschein mit jeweils denselben Zahlen aus (ein Tippfeld). Wie alt müsste er schlimmstenfalls werden, um mindestens einmal in seinem Leben den Jackpot zu knacken?*

b) *Auf wie viele Meter würden sich die bis dahin von ihm abgegebenen Lottoscheine stapeln, wenn die Dicke eines Scheines 0,1 Millimeter beträgt?*

c) *Wie oft könnte er damit das höchste Gebäude der Welt – den Burj Khalifa in Dubai mit einer Höhe von 830 Metern – im Maßstab 1:1 nachbauen?*

d) *Weshalb spielen rund 40 Prozent der Bevölkerung regelmäßig Lotto?*

● ● ● ●

Setzen Sie folgende Zahlenreihe fort: 54 – 74 – 90 …

a) *… 60 – 90.*

b) *… Eichhörnchen.*

c) *… 14.*

● ● ● ●

Ergänzen Sie die folgende Sportweisheit:

»Fußball ist wie Schach – nur ohne …

a) *… Dame. «*

b) *… Läufer. «*

c) *… Würfel. «*

Nennen Sie eine italienische Stadt, die (mindestens) einen erfolgreichen Fußballverein beheimatet.

  a) Mailand.

  b) Madrid.

• • • •

Christopher, Hendrik und Maik spielen » Mensch ärgere Dich nicht«.   [L 66]

  a) Ermitteln Sie die Wahrscheinlichkeit, 49-mal hintereinander keine Sechs zu würfeln.

  b) Wie bekommt es Christopher trotzdem hin?

  c) Beim 50. Versuch klappt es endlich. Allerdings wird Christophers Spielfigur gleich beim nächsten Zug von Maik geschlagen und muss zurück auf die Startposition. Warum redet Christopher für den Rest des Tages kein Wort mehr mit Maik, obwohl das Spiel » Mensch ärgere Dich nicht« heißt?

• • • •

Auszug aus dem offiziellen Regelwerk der Fifa: » Regel 11: Ein Spieler befindet sich in einer Abseitsstellung, wenn er der gegnerischen Torlinie näher ist als der Ball und der vorletzte Gegenspieler. Ein Spieler befindet sich nicht in einer Abseitsstellung

– in seiner eigenen Spielfeldhälfte oder

– auf gleicher Höhe mit dem vorletzten Gegenspieler oder

– auf gleicher Höhe mit den beiden letzten Gegenspielern.«

  a) Was ist daran so schwer zu verstehen?

  b) Warum kann es trotzdem kaum einer richtig erklären?

[WS] Bei einem Freistoß wird der Ball mit einer Geschwindigkeit von 25 Meter pro Sekunde in einem Winkel von 45 Grad schräg nach oben geschossen. Die parabelförmige Flugbahn kann mit der Funktion $f(x) = -0,016\,x^2 + x$ beschrieben werden.

a) Zeichne einen Kreis und ein Viereck.

b) Schneide beides aus.

c) Mach das Runde in das Eckige.

• • • •

Ein Topfußballspieler erhält ungefähr das zwanzigfache Gehalt eines Spitzenhandballers.

a) Wie viele Füße hat ein Topfußballspieler?

b) Wie viele Hände hat ein Spitzenhandballer?

c) Wie viele Füße müsste ein Topfußballspieler eigentlich haben, um den Gehaltsunterschied objektiv zu rechtfertigen?

Wer reitet so spät durch Nacht und Wind?

a) *Es ist der Vater mit seinem Kind.*

b) *Paul Schockemöhle mit Deister.*

c) *Die Landesreiterstaffel der Polizei Nordrhein-Westfalen nach dem hochbrisanten Revierderby Schalke 04 gegen Borussia Dortmund.*

• • • •

Wer trägt am Ende die Kosten für den rund 300.000 Euro teuren Einsatz?

a) *Der Vater mit seinem Kind.*

b) *Paul Schockemöhle.*

c) *Der Steuerzahler.*

• • • •

78 Prozent aller Mannschaften in der Fußballbundesliga spielen mit einer Doppelsechs, 56 Prozent mit einer hängenden Neun und 39 Prozent mit einer falschen Fünf. Wer steht nach 34 Spieltagen auf Platz eins?

a) *Bayern München.*

b) *Bayern München.*

c) *SC Germania Ossendorf.*

16 Millionen Zuschauer verfolgen ein wichtiges Länderspiel live vor dem Fernseher.

a) *Wie viele davon kritisieren bereits während der Nationalhymne die Auswahl der Spieler sowie die taktische Ausrichtung?*

b) *Wie viele unken beim 0:0 zur Halbzeit, dass das mit der bisher gezeigten Leistung heute garantiert in die Hose gehen wird?*

c) *Weshalb schwärmen nach dem gewonnenen Match am Ende doch alle wieder vom Nationaltrainer, der »einmal mehr alles richtig gemacht hat«?*

• • • •

Eine Fußballweltmeisterschaft findet im Dezember statt.

a) *Public Viewing bei minus zehn Grad? Kein Problem – Glühwein hält warm!*

b) *Wie hoch ist die Wahrscheinlichkeit, dass Sie das Finale mit einem ausgewachsenen Katarrh vom Bett aus verfolgen müssen?*

c) *Welchen durchschnittlichen Intelligenzquotienten setzt Sepp Blatter bei seinen Mitmenschen voraus, wenn er nach wie vor behauptet, dass bei der Vergabe »alles mit rechten Dingen« zugegangen sei?*

Die Entfernung von Bayer 04 Leverkusen vom Titel »Deutscher Fußballmeister« (y, gestrichelte Linie) lässt sich näherungsweise mit Hilfe der Funktion abbilden (durchgezogene Linie).

Hinweis: x = Jahre seit dem Aufstieg in die erste Fußballbundesliga (1979)   [L 67]

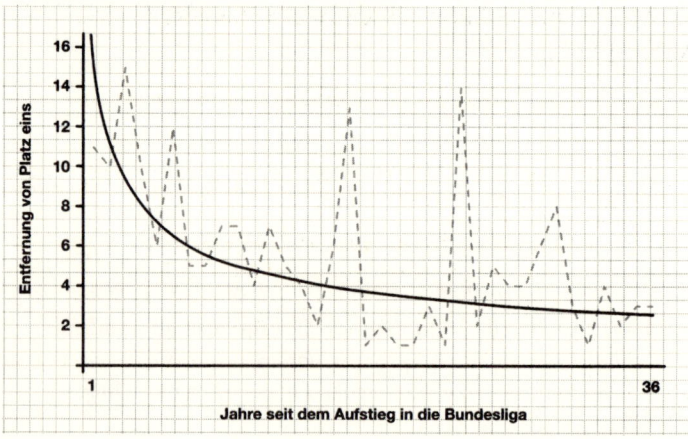

a) Ermitteln Sie die Wahrscheinlichkeit, dass Sie zu Lebzeiten eine Meisterschaft von Bayer 04 Leverkusen miterleben dürfen.

b) Wie weit wäre der Verein zum Zeitpunkt der Explosion unserer Sonne in rund fünf Milliarden Jahren immer noch vom Titelgewinn entfernt?

c) Wie schwer wäre der ehemalige Geschäftsführer Rainer Calmund bei der Apokalypse, wenn er aktuell 160 Kilogramm auf die Waage bringt und sich sein Gewicht pro Jahr um durchschnittlich 0,8 Prozent erhöht?

Was ist das Spannendste an einem Formel-1-Rennen?

a) Der Start.

b) Die Werbepausen.

c) Die Klärung der Frage, welches Horroroutfit Kai Ebel heute trägt.

• • • •

Ein Skifahrer bewegt sich mit einer Geschwindigkeit von 8,3 Metern pro Sekunde einen zwei Kilometer langen Abhang hinab.

a) Das Wievielfache seiner Abfahrtszeit steht er danach am Schlepplift an?

b) Das Wievielfache seiner Wartezeit am Lift verwendet er für den anschließenden Einkehrschwung?

c) Das Wievielfache seiner absolvierten Abfahrten hat er am Ende des Tages an alkoholischen Getränken intus?

d) Ab wie viel Promille erträgt man DJ Ötzi?

Herr R. spielt Kniffel.

a) *Wie hoch ist die Wahrscheinlichkeit, dass er im Laufe der
   dreizehn Spielrunden einen Kniffel würfelt – also fünf Würfel mit
   identischer Augenzahl?*

b) *Weshalb verzehnfacht sich die in a) errechnete Wahrscheinlichkeit, sobald Herr R. den Kniffel gestrichen hat?*

c) *Wie viele Punkte bekommt er für die gewürfelten fünf Einser,
   wenn er sie notgedrungen als Viererpasch eintragen muss?*

• • • •

Mau.

a) *Re.*

b) *Contra.*

c) *Mist – falsche Farbe!*

• • • •

Die Werbefläche auf der Mütze von Niki Lauda hat einen geschätzten Marktwert von 1,2 Millionen Euro.

a) *Was macht das in Schilling?*

b) *Für welchen Bruchteil davon würden Sie Ihre Mütze vermarkten
   lassen?*

c) *Weshalb fragt Sie keiner?*

Die Verbesserung der allgemeinen körperlichen Fitness (F) in Abhängigkeit von der Anzahl der auf dem Smartphone installierten Fitness-Apps (a) lässt sich anhand folgender Funktion darstellen: F = 0a.

a) *Warum muss sich Herr T. trotz fünf installierter Fitness-Apps immer noch selbst bewegen?*

b) *Weshalb macht ihn eine Smartwatch auch nicht schlanker?*

c) *Wie viele Likes bekommt er von seinen 478 Facebook-Freunden, wenn er für » runtastische 2,98 Kilometer « über eine Stunde braucht?*

● ● ● ●

Von den 500 Schülern einer Schule erhielten bei den Bundesjugendspielen 18 Prozent eine Ehrenurkunde, 54 Prozent eine Siegerurkunde und 19 Prozent eine Teilnehmerurkunde.

a) *Wie viele Schüler fehlten » krankheitsbedingt «?*

b) *Wie viele Eltern starteten im Anschluss eine Online-Petition für die Abschaffung der Bundesjugendspiele, weil die Blagen mal wieder heulend mit einer lumpigen Teilnehmerurkunde nach Hause kamen?*

c) *[WS] Tanze den Begriff » Leistungsgesellschaft «.*

Nennen Sie drei Hochleistungssportarten, in denen Korruption, Doping oder sonstige illegale Machenschaften keinerlei Rolle spielen.

a) Halma.

● ● ● ●

Was zeigt das folgende Schaubild?

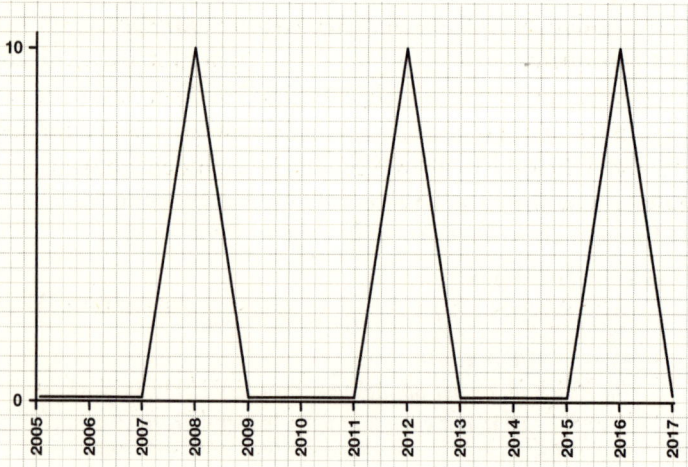

a) Das allgemeine Interesse an Sportarten wie Synchronschwim-
   men, Fechten, Bogenschießen, Gewichtheben, Kanufahren,
   Dressurreiten oder rhythmischer Sportgymnastik in olympischen
   und nicht-olympischen Jahren.

b) Die Frisur von Arturo Vidal.

c) Das Liebesbarometer von Lothar Matthäus.

Lösungen

Wie bereits in der Einleitung versprochen, finden Sie auf den kommenden Seiten die Lösungen zu den entsprechend gekennzeichneten Aufgaben. Das sind in erster Linie diejenigen, die überhaupt mathematisch lösbar sind und bei denen Sie am Ende nicht nur eins und eins zusammenzählen müssen. Sollten Sie wider Erwarten einen Rechenfehler entdecken, war dies natürlich meine pure Absicht.

Alltag

[L1] Es befinden sich exakt 27,6 Meter Klopapier auf der Rolle. Mehr als genug, sollte man meinen.

[L2] Der Schmutzfink mit dem 96-Stunden-Deo könnte im Jahr rund 11.000 Liter Wasser sparen. Dafür würde er aber mit hoher Wahrscheinlichkeit die Hälfte seiner sozialen Kontakte verlieren.

[L3] Herr S. muss 42 Minuten Werbung über sich ergehen lassen, was über 30 Prozent der Bruttolänge des Films entspricht. Kein Wunder, dass er dabei wegschlummert.

[L4] Pro Quadratmeter sind im Laufe von 24 Stunden 0,13 Vogelkackattacken zu erwarten. Die Wahrscheinlichkeit, dass es gerade Sie trifft, ist mit 0,0003 Prozent allerdings verschwindend gering.

[L5] Der Makler verdient eigentlich nichts, bekommt von Familie H. aber dennoch 17.850 Euro in den Allerwertesten geschoben.

[L6] In den Schrank von Familie T. passen 961,3 Liter Schuhe.

[L7] Der verkaterte Herr H. braucht 24 Minuten im Bad. Wie hoch die Kosten für den Schlüsselnotdienst waren, ist leider nicht überliefert.

Liebe und Partnerschaft

[L8] Herr K. wartet in 25 Ehejahren knapp 16 volle Tage vor der eigenen Haustür. Selbst schuld …

[L9] Frau B. lässt sich insgesamt einen Liter Silikon implantieren. Ihr Mann hätte damit 14,3 Badewannen abdichten können.

[L10] Das jährliche Einsparpotenzial von Sex im Dunkeln beträgt 69 Cent. Wenn das mal kein Zufall ist …

Freizeit und Urlaub

[L11] Herr T. kommt auf dem Weg gen Italien magere 15 Kilometer weit, ehe seine kaffeegefüllte Blase zu schmerzen beginnt.

[L12] Herr K. verwendet 19,2 Stunden pro Woche für die Gartenarbeit. Theoretisch könnte er zwar immer noch 66.360 Minuten pro Jahr entspannt im Garten sitzen und die Füße hochlegen – würde es nicht gerade in dieser Zeit regnen, hageln, stürmen oder schneien.

[L13] Familie P. muss 3,9 Stunden in der Schlange vor der Sehenswürdigkeit warten. Die Laune von Frau P. ist weit im negativen Bereich.

Mobilität

[L14] Die Protzkarre von Herrn S. leistet 435 PS und hat 100.000 Euro gekostet. Den popligen Kleinwagen mit 62 PS hat Herr M. für vergleichsweise günstige 10.000 Euro erstanden.

[L15] Frau N. kommt 13,5 Prozent günstiger nach Bielefeld als Herr G. Was die beiden dort wollen, ist allerdings immer noch unklar.

[L16] Für »Höchstgeschwindigkeitsüberschreitung« bekommen Sie 71 Punkte bei Scrabble.

[L17] Ein Träger von Doppelrippunterwäsche ist mit einer Wahrscheinlichkeit von 34 Prozent schon einmal bei Rot über eine Ampel gefahren. Bei Trägern von Boxershorts beträgt die Wahrscheinlichkeit nur 16 Prozent.

[L18] Herr T. findet null freie Parkplätze vor. Infolgedessen kreist er über sieben Ehrenrunden durch das komplette Parkhaus, ehe er völlig zu Recht ausrastet.

[L19] Die tägliche Fahrzeit von Herrn G. erhöht sich durch die Baustelle um knapp 23 Minuten. Produktive Bauarbeiter bekommt er nie zu Gesicht.

[L20] Frau P. hat für die Hin- und Rückfahrt zur Tankstelle im Nachbarort 1,44 Liter Benzin verbraucht. Der Sprit müsste dort um 6,6 Cent günstiger sein, damit sich der Weg lohnt – Zeit und Nerven, die Frau P. im Berufsverkehr auf der Straße lässt, noch nicht mit eingerechnet.

[L21] Der Überholvorgang des Lkws dauert volle 32 Stunden. In dieser Zeit kommt eine Schnecke übrigens fast 100 Meter weit.

[L22] Mit viel Glück können Sie die Ampel bei der neunten Grünphase passieren – wenn nicht schon wieder ein Eichhörnchen über die Straße hüpft.

[L23] Ein Pkw braucht drei Minuten, um das Lärmschutzgebiet mit einer Geschwindigkeit von 60 Kilometern pro Stunde zu durchfahren. Mit 80 Kilometer pro Stunde würde er nur 2,25 Minuten Krach machen.

[L24] Weshalb Herr R. und sein Nachbar keine Fahrgemeinschaft gründen, weiß kein Mensch. Allerdings lässt sich berechnen, dass Herr R. gegenüber seinem Nachbarn drei Minuten Fahrzeit spart. Sein Nachbar spart ihm gegenüber allerdings auch – und zwar knapp einen Liter Sprit pro Tag.

[L25] Familie K. muss für den Toilettenstopp insgesamt 2,80 Euro berappen. Würde sie alle Bons einlösen, kämen noch weitere acht Euro hinzu. Wildpinkeln ist deutlich günstiger …

[L26] Es gibt 6,72 Millionen Wohnwagen in den Niederlanden. Alle aneinandergereiht wären 80.640 Kilometer lang. Dies entspricht dem 6,2-Fachen des Autobahnnetzes der Bundesrepublik Deutschland. Wird also eng.

[L27] Mit einem Flugzeug ist man von Stuttgart nach Hamburg in Summe fünf Stunden und 20 Minuten unterwegs. Mit dem verspäteten Zug hingegen nur fünf Stunden und 15 Minuten.

Einkauf und Shopping

[L28] Friedhelm R. braucht für die Rückgabe der Flaschen 25 Minuten. Die Schlange hinter ihm wächst derweil auf 150 Meter an.

[L29] Eine Essiggurke des namhaften Herstellers kostet 0,15 Euro, die der Eigenmarke 0,08 Euro. Die Ersparnis pro Essiggurke und gebücktem Zentimeter beträgt 0,15 Cent.

[L30] » Infinit « und » Wabbit « sind Dildo-Modelle. Der Rest ist von IKEA.

[L31] Um » Einkaufswagen-Millionär « zu werden, müssten Sie über 500.000 Wagen verticken. Würde das Pfand auf 2,48 Euro erhöht, bräuchten Sie mindestens sechs Münzen.

Arbeit

[L32] 348 Kollegen sitzen täglich in Summe 87 Stunden tatenlos da und warten, bis der Beamer funktioniert. Der finanzielle Schaden für das Unternehmen beträgt 2.088 Euro pro Tag. Die Anschaffung von zwölf neuen Beamern hätte sich bereits nach zwei Arbeitstagen amortisiert.

[L33] Sechs Mitarbeiter brauchen für das Beladen von 60 Lkws über dreizehn Stunden. Wenn da mal die Gewerkschaft mitmacht …

[L34] Herr V. fuhr maximal an 160 Tagen ins Büro. Seine Fahrtkosten hat er in der Steuererklärung um 2.848,80 Euro zu hoch angesetzt.

[L35] Die Sammelbüchse für kollegiale Geschenke kreist zweimal pro Monat durch die Büroräume (Ihr eigener Geburtstag ausgeschlossen). Jährlich kostet Sie der Spaß 120 Euro – da können sich die Kollegen den lumpigen 30-Euro-Gutschein sonst wohin stecken …

[L36] In Deutschland werden jeden Tag 42 Millionen bunte Kärtchen an Metaplanwände geheftet. Die »Straße des Schwachsinns« wäre 168.000 Kilometer lang und würde 4,2-mal um den Äquator reichen.

[L37] Herr T. benötigt 7,56 Arbeitstage, um seinen urlaubsbedingten E-Mail-Berg abzubauen. Währenddessen kommen 544 neue E-Mails hinzu. Armer Kerl!

Politik und Zeitgeschehen

[L38] Der Großflughafen, der ursprünglich 2012 in Betrieb gehen sollte, wird bei großzügiger Rundung im Jahr 2085 vollständig mängelfrei sein. Man wird sehen …

[L39] Das Saarland ist 2.570 Quadratkilometer groß. Das gängige Katastrophenmaß »doppelte Größe des Saarlands« entspricht somit einer Fläche von 5.140 Quadratkilometern.

[L40] Herr Hoeneß hat dem Finanzamt Gewinne in Höhe von 56,9 Millionen Euro »verschwiegen«. Alois P. müsste dafür 1.422 Jahre »richtig« arbeiten.

[L41] Wenn alle unzufriedenen Nichtwähler die unterlegene Partei B gewählt hätten, hätte diese mit knapp 63% aller abgegebenen Stimmen haushoch gewonnen. Soll noch einer sagen, dass Wählen nichts bringt.

Kunst und Kultur

[L42] 20 CDs lassen sich auf 20! unterschiedliche Arten anordnen. Ausgeschrieben sieht diese unglaubliche Zahl so aus: 2.432.902.008.176.640.000. Die Staubschicht auf dem ungenutzten CD-Regal ist nach vier Jahren 1,456 Zentimeter hoch.

[L43] Der Kinofilm, auf den sich Herr T. freut, beginnt mit einer Verspätung von 40 Minuten um 20:55 Uhr. Bezüglich des ungepoppten Popcorns wurde er um 78 Cent beschissen.

[L44] Das kumulierte Alter der Rolling Stones beträgt 286 Jahre. Sie übertreffen damit den Grönlandwal um stattliche 75 Jahre. Wer von beiden die bessere Musik macht, ist hingegen umstritten.

[L45] In Schweden werden jährlich 67 Morde verübt, in Honduras 7.200.

[L46] In der » Herr der Ringe «-Trilogie werden 3,05 Seiten pro Filmminute abgehandelt, in der » Hobbit «-Trilogie nur 0,64 Seiten. Bei diesem Tempo wäre die Verfilmung von » Herr der Ringe « insgesamt 1.090 satte Minuten lang geworden.

[L47] 1,67 J.Lo-Pos ergeben ein Carey-Bein.

[L48] Wacken hat 1.819 Einwohner, Peking 11,5 Millionen. Würde das Festival in der chinesischen Hauptstadt stattfinden, wären rund 7,5% der gesamten Weltbevölkerung zu erwarten.

Technik

[L49] Ein Liter Schampus kostet 114 Euro, ein Liter Druckertinte 1.000 Euro.

[L50] Gemäß der » PISS «-Formel geraten Smartphone-Junkies bei einer Netzstärke von drei Balken ab einem Akkuladestatus von 67% in den Panikbereich. Bei einem Ladestatus von 50% sollten es mindestens vier Balken sein, damit keine Panik aufkommt.

[L51] Bis Sie alle in YouTube hochgeladenen Videos einer einzigen Stunde angesehen hätten, würden 750 Tage vergehen. Um das Material eines kompletten Jahres anzuschauen, müssten Sie mindestens 18.000 Jahre alt werden. Kein schöner Gedanke …

[L52] Das Pop-up-Fenster hat 75.000 Pixel. Der Betreiber der Internetseite hat an Ihrer Schusseligkeit satte vier Euro verdient.

[L53] Das durchschnittliche deutsche Baby/Kleinkind besitzt statistisch betrachtet 1,4 Mobilfunkanschlüsse.

[L54] Herr L. starrt jährlich 20 Stunden auf einen schwarzen Monitor und wartet darauf, dass sein Rechner endlich hochfährt.

Umwelt, Ernährung, Gesundheit, Wissenschaft

[L55] Ein einziges Huhn hat bei Firma HappyChix AG einen Lebensraum von 0,04 Quadratmetern. Bei Bauer Hansen kann sich jedes Huhn auf zweieinhalb Quadratmetern ausbreiten. Der 10er-Karton Eier von Bauer Hansen kostet 2,50 Euro, der der HappyChix AG nur einen Euro.

[L56] Das Furzspektrum der pazifischen Heringe umfasst 20.300.000 Millihertz. Davon kann David Hasselhoff nur träumen!

[L57] Ein einstündiges Ausdauertraining lässt sich mit 0,8 Liter Rotwein substituieren – zumindest in der Theorie …

[L58] Der Laufweg von Frau Mayer im Laufe des Grillabends beträgt 208 Meter, der des Grillmeisters 0,9 Meter. Dafür trägt er aber die volle Verantwortung.

[L59] Die Fast-Food-Kette macht mit einem » Burger to go « rund 6 Cent Umsatz mehr als mit einem Burger » zum hier essen «. Bei 800 Burgern pro Tag macht das im Jahr rund 16.800 Euro.

[L60] In der » Nimm 2 «-Packung befinden sich 39 vollständige Bonbons. Pech für den adipösen Adrian …

[L61] Um die Kilokalorien von 100 Gramm Spargel vollständig zu verbrennen, sind zehn WC-Besuche erforderlich.

[L62] In Deutschland fallen jährlich 438.000 Tonnen Hundekot an. 87.600 davon werden ordnungsgemäß entsorgt. Die liegen gebliebenen Hundehaufen ließen sich mit 1.266 Flugzeugen des Typs Airbus A380 aufwiegen. Scheiß Vorstellung …

[L63] 65.775 deutsche Zahnärzte haben Angst vor sich selbst.

[L64] Man könnte sich 821 Jahre von Würstchen mit Kartoffelsalat ernähren, ohne sich dabei zu wiederholen.

Sport und Spiel

[L65] Herr G. müsste statistisch gesehen spätestens nach 139.838.160 Wochen den erhofften Lotto-Volltreffer landen – das wären schlappe 2.689.195 Millionen Jahre. Die Scheine, die er bis dahin ausgefüllt hätte, wären aufeinandergelegt 13.984 Meter hoch. Herr G. könnte damit sechzehn Mal den Burj Khalifa im Maßstab 1:1 nachbauen – wenn er noch leben würde.

[L66] Die Wahrscheinlichkeit, bei »Mensch ärgere Dich nicht« 49-mal hintereinander keine Sechs zu würfeln, beträgt 0,013%. Vielleicht sollte es Christopher alternativ mit Lottospielen versuchen …

[L67] Dass Bayer 04 Leverkusen zu unser aller Lebzeiten Deutscher Fußballmeister wird, kann mathematisch ausgeschlossen werden. Zum Zeitpunkt der Explosion unserer Sonne in rund fünf Milliarden Jahren wäre der Verein immer noch 0,0001896 Plätze von der Meisterschaft entfernt. Rainer Calmund wäre bis dahin wohl schwerer als die Sonne selbst.

Zu guter Letzt ...

... möchte ich DANKE sagen! In erster Linie gilt mein Dank Ihnen, liebe Leserinnen und Leser. Ich hoffe, Sie hatten beim Lesen mindestens so viel Spaß wie ich beim Schreiben dieses Buchs – und vielleicht auch den einen oder anderen nachdenklichen Moment.

Falls Sie noch Fragen zu den Aufgaben haben sollten oder mir weitere Aufgaben- oder Lösungsvorschläge mitteilen möchten, dürfen Sie mich jederzeit gerne kontaktieren. Schicken Sie einfach eine E-Mail an textaufgaben@krauleidis.com.

Natürlich möchte ich an dieser Stelle auch die beiden Personen nicht unerwähnt lassen, ohne die es das Buch wahrscheinlich niemals gegeben hätte: Doreen Fröhlich vom Goldmann Verlag sowie meine Agentin Petra Eggers. Vielen Dank für die grandiose Zusammenarbeit!

Last, not least danke ich meinem kompletten Umfeld für die mannigfaltige Inspiration und Mitarbeit. Allen voran meiner » besseren Hälfte «, die zum einen regelmäßig als Testleserin herhalten musste sowie zum anderen meine Launen während der heißen Schreibphase stets geduldig ertragen hat. Wird bestimmt nicht wieder vorkommen. Oder vielleicht doch ...?

Um die ganze Welt des
GOLDMANN-*Sachbuch*-Programms
kennenzulernen, besuchen Sie uns doch
im **Internet** unter:

www.goldmann-verlag.de

Dort können Sie
    nach weiteren interessanten Büchern ***stöbern***,
    Näheres über unsere ***Autoren*** erfahren,
    in ***Leseproben*** blättern, alle ***Termine*** zu Lesungen und
    Events finden und den ***Newsletter*** mit interessanten
    Neuigkeiten, Gewinnspielen etc. abonnieren.

Ein ***Gesamtverzeichnis*** aller Goldmann Bücher finden
Sie dort ebenfalls.

Sehen Sie sich auch unsere ***Videos*** auf YouTube an und
werden Sie ein ***Facebook***-Fan des Goldmann Verlags!

www.goldmann-verlag.de
www.facebook.com/goldmannverlag

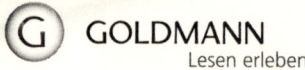

GOLDMANN
Lesen erleben